Derechos de autor María Alejandra Celis Yanes.
De las cenizas al amor, 2021.
www.marialejandracelis.com

Editorial PanHouse.
www.editorialpanhouse.com

No se autoriza la reproducción de este libro ni partes del mismo en forma alguna, ni tampoco sea archivado en un sistema o transmitido de alguna manera ni por ningún medio electrónico, mecánico, fotocopia, grabación u otro sin permiso previo escrito del autor de este.

Edición general:
Jonathan Somoza
Gerencia editorial:
Paola Morales
Coordinación editorial:
Barbara Carballo
Edición de contenido:
José Antonio Palacios
Corrección editorial:
Francis Machado
Corrección ortotipográfica:
María Antonieta Flores
Fotografía de portada:
Amado Claro @amadoclarophoto
Diseño, portada y diagramación:
Audra Ramones

ISBN: 9798497512045

De las Cenizas al Amor

UN CAMINO DE VIVENCIAS PARA ACEPTAR EL DUELO Y SER FELIZ A PESAR DE TODO

MARÍA ALEJANDRA CELIS YANES

ÍNDICE

DEDICATORIA	9
AGRADECIMIENTOS	11
SOBRE LA AUTORA	15
PRÓLOGO	19
COMENTARIOS	23
INTRODUCCIÓN	27

CAPÍTULO I — 33
RECONECTANDO CON MI IDENTIDAD PERDIDA

No valgo lo suficiente	36
Sanar las viejas heridas	40

CAPÍTULO II — 47
LA VIDA CON SUS ALTOS Y BAJOS

Somos seres espirituales, viviendo una experiencia humana	50
Tenemos que saber perder y saber ganar	52
La diferencia está en tu elección	54
En la vida todo pasa	59
Valores para este viaje	62
Meditación	65

CAPÍTULO III — 69
EL CAMINO DE LAS PÉRDIDAS

Aún perdiendo, se gana	71
Emigrar es también un gran duelo	76
Reconocer la pérdida ayuda a sanarla	79
Atender las emociones y sentimientos	81
Lo que viene después	87
Herramientas para aprender a soltar	92
11 cosas que aprendí sobre el duelo que quiero compartir contigo	96

CAPÍTULO IV — 99
TODO TIENE UN PROPÓSITO

- Venimos al mundo a cumplir una meta — 101
- ¿Cómo descubrir el propósito de mi alma? — 104
- Propósito externo e interno — 106
- Reconoce tu propósito interno y vive la magia — 109
- Cinco preguntas para descubrir tu propósito — 110
- Otras herramientas para descubrirlo — 113
- Utiliza la observación — 113
- Aprende a amarte y a buscar dentro de ti — 114
- Conecta con tu esencia — 115
- Identifica quién eres — 115
- La vulnerabilidad ante la pérdida — 117

CAPÍTULO V — 123
SOLTAR: TODO ES COMO TIENE QUE SER

- Dolor vs. sufrimiento — 125
- La fe ayuda a aceptar el dolor — 128
- La otra cara de la pérdida — 133
- La muerte es parte del ciclo de la vida — 135
- Desapego — 136
- ¿Cómo lograr vivir desde el desapego? — 136
- Una gran verdad — 137

CAPÍTULO VI — 139
LA GRATITUD, SIGNO DE ABUNDANCIA

- Agradecer nos aleja de sentirnos víctimas y nos estimula a ver las pérdidas como ganancias — 145
- Ser agradecidos no significa estar en deuda — 148
- Los beneficios de ser agradecidos — 150

La ley del dar	152
Convierte la gratitud en una práctica diaria	155

CAPÍTULO VII 157
CULTIVA EL PEDIR AYUDA

Buscar ayuda es necesario	159
Un suicidio me enseñó a pedir ayuda y a recibir apoyo	163
Se requieren amigos verdaderos en tu círculo de apoyo	169
Confrontar la culpa	170
Atrévete a pedir ayuda, nunca estás solo	175

EPÍLOGO 179
COMO EL AVE FÉNIX

A mi viejo Eduardo.

A mi noble Rafael.

A mi amado Koji.

Por todo el camino de dolor que recorrí con ustedes,
el cual me enseñó que la vida es un regalo
y hay que vivirla intensamente.

Porque hoy entiendo, más que nunca,
que la muerte no es el final y el amor que nos une es eterno.

A todas las mujeres de mi sistema familiar,
las que me precedieron y las que me suceden,
porque todas tenemos voz y merecemos ser escuchadas.

Agradecimientos

A Dios, con quien hablo como si fuera mi mejor amigo y a quien siempre le he pedido con toda mi alma que me haga instrumento de su paz.

A mis padres, Eduardo y Olga Isabel, porque soy el fruto de ese amor que compartieron durante casi sesenta años. Por haberme traído a este mundo en momentos en que sus vidas estaban en pleno proceso de cambio y adaptación. Por ser los perfectos maestros para mí.

A María Fernanda, una niña hermosa de ojitos verdes que aún vive en mí, que le dio paso a María Alejandra para que juntas en una misma alma, dieran un gran salto de evolución en esta vida.

A mis hijos, Gustavo Adolfo y Silvia Fernanda, mi motor de vida, los mejores regalos que Dios me ha dado y por quienes continúo aprendiendo y evolucionando con el anhelo de seguir siendo su mejor ejemplo de vida, aunque en muchas ocasiones cometa errores o me equivoque. Mantengo con ellos mi compromiso diario de convertirme en mejor ser humano cada día y dejarles un legado de amor irrefutable.

A mis hermanos, a Olgalicia, mi única hermana, y a esa alma que, aunque no pudo nacer, es también parte de nosotros. Gracias porque somos un clan muy especial, por el amor que nos une, que aún con las diferencias y las distancias se mantiene puro y verdadero.

A mis nietos, Adrián Elia, Mila Isabel y Mateo Ignacio, tres almas hermosas llenas de sabiduría y luz, quienes mantienen mi fuego encendido para encontrarme con ellos cada vez que pueda, abrazarlos y disfrutar a su lado la alegría que traen a mi vida.

A mis maestros, Bob Mandel, Sunny Dawn Johnston, María Dolores Paoli y Patricia Valderrama, quienes han construido las bases más fuertes de mi camino espiritual y desarrollo personal.

A todas mis amigas y hermanas del alma: Marianela, Adriana, Tula, Olivia, Margarita, Cris, Yesenia, Berta y Mercedes, y muchas más que, aunque no las nombre, las llevo siempre en mi corazón, quienes han estado allí en momentos muy especiales para darme su amor y apoyo sin esperar nada a cambio.

A la editorial Panhouse y a todas las personas que formaron parte de este hermoso proyecto, por haberme dado el gran empujón para que hiciera realidad un sueño que ya estaba pasado de fecha, aunque sigo convencida de que nunca es tarde, porque el tiempo de Dios siempre es perfecto.

Y, por último, y no por eso menos importante, al hombre maravilloso con quien estoy unida en matrimonio actualmente, José Eduardo, quien apareció para iluminar mi vida de manera inesperada y repentina. Quien me ha acompañado en el proceso de recuperar la confianza en el amor y en la vida. Quien se ha convertido en mi apoyo, conciencia, impulso y alegría en cada cosa que invento y en cada proyecto que realizo. Juntos hemos ido más allá de las limitaciones socialmente aprendidas y con un amor sincero y bonito nos hemos atrevido a romper muchos paradigmas.

Finalmente, ¡gracias a la vida que me ha dado tanto!

Sobre la autora

María Alejandra Celis Yanes es una mujer amorosa y sensible que ha transitado el camino de las pérdidas en varias ocasiones y ha sabido sacar de sus pruebas muchas oportunidades de renovación, no solo para ella sino para todas las personas que han buscado su acompañamiento como *coach* holístico, guía espiritual y especialista en duelo, certificada por el Grief Recovery Institute.

Su misión es acompañarte a atravesar el duelo y transformar la pérdida en amor y propósito para tu vida, brindándote valiosas herramientas para encontrarle un sentido a tus experiencias y aprender a amarte cada día más.

Desde hace más de treinta años comenzó su búsqueda espiritual y desarrollo personal, dedicándose a cultivar diversos caminos de aprendizaje. En el año 2004, conoció a Bob Mandel, su primer maestro, con el cual se certificó como líder del Proyecto Internacional de Autoestima. Es terapeuta de cuerpo, mente y espíritu avalada por Sunny Dawn Johnston y practicante del arte japonés Jin Shin Jyutsu® desde el 2002. En los últimos siete años, después de certificarse como *life coach* profesional en la Universidad de Miami, unió todos sus conocimientos para ofrecer su acompañamiento como *coach* holístico.

Su propio camino de sanación después de enfrentar cuatro pérdidas en un lapso de once meses, la motivó a buscar apoyo a través de la meditación que fue la herramienta de ayuda más poderosa para salir de la depresión. Con la guía de Denise Linn y sus meditaciones pudo retomar su vida en un estado de mayor armonía y paz.

En el 2017 creó las series de meditaciones "Cultiva tu felicidad y aumenta tu paz interior" y "Cultiva tu felicidad y regenera tu vida" a través de las cuales se propuso ayudar a miles de personas que, como ella, estuvieran pasando por procesos de pérdidas o cambios inesperados en sus vidas. Hoy en día su canal de YouTube asciende a los 42 000 suscriptores que, gracias a la perseverancia y dedicación de María Alejandra a través de su voz profunda y melodiosa, logran sanar y aprovechar estas meditaciones como instrumento de renovación personal y evolución espiritual.

Su intuición, compasión y amor por el servicio la hacen una líder espiritual muy valiosa, quien, a través de sus cursos, sesiones privadas, grupos de apoyo y meditaciones guiadas en vivo y *online*, ha construido una sólida comunidad de crecimiento y ayuda.

Utilizando el ejemplo de su fortaleza y resiliencia para atravesar por momentos de gran caos, inspira a miles de personas para que conecten con su corazón y logren experimentar una vida con alegría y una nueva luz de esperanza.

En el 2021 lanzó Camina hacia tu Amor Propio, un programa de acompañamiento y meditaciones guiadas para ayudar a las personas a hacerse conscientes de su valor personal, de cuidarse en todos los sentidos y también sanar sus relaciones.

Este esfuerzo de María Alejandra Celis por escribir su primer libro, la convierte en una de esas mujeres valientes que hace de la adversidad una oportunidad de elección consciente, aprendiendo a sacar lo mejor de lo que sucede y seguir adelante.

María Alejandra reside en Florida con José Eduardo Arispe, su esposo. Tiene una hermosa familia, conformada por sus dos hijos y sus parejas, y el regalo de tres nietos adorables. Es parte de una extensa familia venezolana conformada por más de cincuenta y cinco integrantes, a partir de sus padres y siete hermanos, incluyéndola. Tiene una consolidada red de amigos, miles de seguidores y por ellos y para ellos trabaja con pasión para brindarles lo mejor de sí.

Cree firmemente en que todo lo que sucede es parte de un plan divino y que cada persona que llega a tu vida trae un regalo para tu evolución. Piensa en la familia como la base más importante de su existencia y el servicio, como la mejor manera de trascender en su paso por la humanidad.

Su intención con este libro es ayudarte a renacer desde tus cenizas y descubrir la verdad de lo que eres, recuperando la alegría de vivir después de una pérdida. Desde la victoria de su propia transformación tiende su mano para brindarte apoyo y acompañarte en tu feliz renacimiento.

Prólogo

Es con sumo regocijo que me siento a escribir estas líneas al constatar el camino de crecimiento emocional y espiritual de mi muy querida alumna, María Alejandra.

Cuando la conocí me llegó como participante a uno de mis talleres *¿Desde qué herida eliges a la pareja?* Estaba en pleno proceso de duelo, de búsqueda de respuestas ante tanta inquietud que anidaba en su corazón por la pérdida intempestiva de su pareja tras el suicidio. Recuerdo que, en uno de los ejercicios, ella duró mucho más tiempo del previsto y sobrepasó la hora de cierre, pero todos nos quedamos conteniendo su movimiento para permitirle ver más allá de lo acontecido. Esto marcó el inicio de nuestra relación permitiéndome acompañarla en su transitar cuando así lo requiriera.

A partir de ahí, se transformó en una asidua alumna de los distintos temas impartidos por mí, sobre todo en el tema de relaciones de pareja, y hoy día es un honor poder escribir este prólogo donde relata sus experiencias con total honestidad y transparencia, siendo un modelo para que otros puedan verse y resonar en su relato compartiendo el camino que la ayudó a tener otra reflexión ante el infortunio.

Profundizar en los acontecimientos de su vida y verlos con los ojos internos le fue afinando la mirada de propósito ante lo que le sucedía. Partiendo de su identidad, a través del nombre otorgado y encontrar su propia voz fue el comienzo de su transformación donde el hilo conductor fue pasar desde la opacidad generada por la imposición de otro nombre mitigando su propia vibración, hasta encontrar el brillo de su voz con propósito, alineada con su Ser, su servicio y su comunicación.

Este camino de vivencias sobrepuestas fue intenso desde lo físico, la forma, pero de valor incalculable como estímulo para aclarar consciencia, crecer y fortalecerse. Rompió el cascarón de la ilusión y expectativas para ir a lo real, a lo verdadero, y así se aventuró con coraje a salirse de lo establecido para encontrarse y darle volumen a su propia voz.

De ahí, fue profundizando su mirada al vivir experiencias de pérdidas, duelo, y migración, que la indujeron al cambio necesario, dándose el permiso de sentir los retos, los altos y bajos de la vida, los pro y contras, la resistencia y aceptación que cada una de esas vivencias conllevan, para ir a lo esencial.

Reconocer el valor de sus experiencias desde lo evolutivo y contactar con lo divino, con aquello más allá de los ojos externos, fue llevándola con firmeza y gratitud a aportar un modelo, guía en el servicio para quien desee tomarlo. Ha sido a través de su voz en los medios, su asistencia como *coach*, y sus meditaciones guiadas que ha vaciado sus pasos para aportar a otros una luz en el camino.

Para ello se requiere valentía, voluntad, disciplina y una absoluta confianza en sí misma, en su verdadero Ser, para sacar a la luz el dolor, las sombras; compartirlas, sembrando la esperanza de que en nuestra elección consciente hay un mayor bienestar.

Atreverse a abrir su propio libro de vida donde otros puedan sintonizarse con ella requiere un gran valor de apertura, un propósito mayor y por ello me alegra, querido lector, que este libro esté en tus manos en este momento para absorber la enseñanza detrás de los acontecimientos de la vida. Permitirte verlos con otra mirada, te engrandecerá como ser humano.

Dra. María Dolores Paoli
Psicóloga y terapeuta de alma
@mariadolorespaoli

Comentarios

"María Alejandra Celis Yanes was a student and client of mine for several years before the course of her life changed directions with several deaths in a short amount of time. I witnessed this amazing woman take each experience, feel trough the sadness and pain, and transmute it into even greater love and light. Maria's journey is one that takes you from the depths of pain, loss, and grief… and helps you to move through the life experiences you are given, to find the LOVE and PEACE in them all. Today, I am happy to say that María Alejandra is a dear friend and colleague, spreading the word of healing to those that desire to allow it in. This book will impact you in life changing ways if you are ready".

"María Alejandra Celis Yanes fue mi alumna y clienta durante varios años, antes de que el curso de su vida cambiara de dirección al vivir varias muertes en poco tiempo. Fui testigo de cómo esta increíble mujer pudo tomar cada experiencia, sentir a través de la tristeza y el dolor, y transmutarlo en un amor y una luz aún mayores. El viaje de María es aquel que te lleva desde las profundidades del dolor, la pérdida y el duelo y te ayuda a atravesar las experiencias que te presenta la vida para encontrar AMOR y PAZ en todas ellas. Hoy, me complace decir que María Alejandra es una querida amiga y colega compartiendo la palabra de sanación a aquellos que deseen y permiten que entre. Este libro te impactará de maneras que cambiarán tu vida, si estás listo".

Sunny Dawn Johnston
@sunnydawn.johnston

"La fuerza e intuición de María Alejandra para vivir y ayudar a otros a sanar, es indescriptible. Con respeto, alegría, sabiduría y un extraordinario sentido de oportunidad, sabe qué decir y cuándo callar para escuchar con el alma. Desde el amor te acompaña, te espera, te impulsa y sobre todo te conecta con la vida. ¡Es una mujer inspiradora, es una sanadora inspirada!".

Patricia Valderrama
@soypativalderrama

"Nada más mencionar su nombre, es entrar en la profundidad absoluta de un SER que retó a sus mismos retos, sacando de sus oscuros abismos la fuerza que requería en cada paso de sus vastas travesías. Hoy te invito a caminar con ese valor que te llevará a conectar con lo que corresponda para tu más grande transformación... eso es para mí María Alejandra Celis Yanes".

Adriana García-Croes
@adrianagarciacroes

"**S**oy el testimonio vivo del cambio experimentado con el acompañamiento amoroso de mi querida *coach* María Alejandra Celis, quien me llevó a descubrir a mis 86 años, lo que hasta ese momento había sido invisible para mí. Transitar a su lado el dolor de la muerte de mi amado esposo y convertir esa pérdida en amor y luz de la esencia divina, ha sido mi mayor regalo. Mi agradecimiento es infinito. ¡Gracias Mary!".

Mercedes Di Vora
@mercedesdivora

"**F**eliz, cuando en mi camino se cruzan personas positivas, optimistas, que ponen el corazón en cada una de sus acciones, que acarician el alma y enriquecen tu vida. El TALENTO abre muchas puertas, pero la GRATITUD las mantiene abiertas… ¡Dos palabras que definen a María Alejandra Celis!".

Paula Serra
@paulaser.reiki

"**C**aminar al lado de María Alejandra ha sido una bella experiencia de lo que es vivir la vida en todos los colores y todos los sabores. Celebro el gozo y la entrega que pone al servir al mundo de múltiples maneras. Y en las páginas de este libro, brotado desde sus conocimientos y la sabiduría que ha adquirido durante el hermoso recorrido de su alma, encontrarás el tesoro de lo que significa atreverse a vivir la vida sin miedo y a plenitud".

Olivia Moreno
@morenoimageconsulting

"He podido ser testigo muy de cerca de muchos momentos en la vida de María Alejandra. El destino se encargó de unirnos de la forma más sencilla y espontánea. Tuvimos la oportunidad de compartir vivencias de todo tipo, que nos ayudaron a unirnos más y ser mejores personas. Ella es un ser bello por fuera y por dentro. Una buscadora con una gran personalidad y fortaleza; mujer decidida, emprendedora, generosa, enérgica, valiente, sincera, honesta, espiritual, madre, abuela, amiga incondicional y con un corazón muy grande. Es alguien que ha pasado por experiencias de vida muy difíciles donde ha experimentado una montaña rusa emocional y siempre ha salido adelante, encontrando el aprendizaje profundo que hay en cada evento que le ha tocado vivir. No se amilana, todo lo contrario, después de pasar el trago amargo y triste, avanza más fortalecida y con nuevas herramientas para apoyar a otros. Dedica su vida a hacer un aporte amoroso y positivo a cada persona que se cruza en su camino, buscando la transformación y sanación de aquellos a quienes acompaña en su recorrido consciente".

Margarita Calvani
@margaritacalvani

Introducción

El 2020 ha sido un año de cambios impensados, abruptos, de derrumbes de estructuras y de grandes pérdidas. Hemos sufrido los embates de una pandemia que nos ha enfrentado al dolor de tener que despedirnos de familiares, amigos, compañeros de trabajo y, en la mayoría de los casos, sin poder verlos en sus últimos minutos de vida. También se han separado familias, se han perdido empleos, se han cerrado empresas y arruinado inversiones, por un encierro obligado causado por un virus que nadie esperaba, pero que, lamentablemente, llegó.

Así son las pérdidas: muchas llegan inesperadamente, otras tienen su tiempo anunciado, pero todos las sufrimos a lo largo de nuestras vidas. Algunas son muy obvias, otras más difíciles de identificar, pero en su mayoría nos cuesta mucho superarlas.

He transitado el camino del duelo en múltiples ocasiones y, por diversas razones, conozco lo que se vive durante sus etapas. Desde hace varios años he querido escribir para compartir las reflexiones y aprendizajes que he obtenido de mis experiencias, porque quiero contribuir con millones de personas que sufren el dolor de la pérdida y se encuentran desorientadas en medio del proceso.

Deseo que lo plasmado en estas páginas que comienzas a leer te sirva de ayuda, compañía o consuelo, ya sea porque estás viviendo la pérdida de algo o de alguien importante o estás enfrentando el desafío de un gran cambio.

La pérdida es una situación o evento que no está bajo nuestro control y que lleva a sentir impotencia, frustración, desesperanza, incertidumbre y, por supuesto, tristeza. Mi intención con este libro es compartirte mi visión sobre el duelo, para que amplíes el concepto e interpretación que tienes de él. Aunque a primera vista estos momentos difíciles parezcan que solo traen daños y tristeza, también pueden ser oportunidades de gran valor y crecimiento.

Se puede decir que toda mi vida ha sido un cambio y he tenido que amoldarme a esos vaivenes, pues desde pequeña los estoy viviendo. Desde perder mi identidad, afrontar un divorcio, la bancarrota de mi empresa, emigrar y hasta perder a tres seres queridos en un lapso de ocho meses, el duelo ha sido una constante en mi vida y en la de mi familia. Para poder sanar las emociones resultantes de todas esas experiencias, he tenido que verlas de frente y hacerme cargo de ellas para liberarlas.

Mi propósito es motivar y ayudar a quienes han vivido situaciones similares, pero que nunca se han sentado a pensar, o tan siquiera imaginar, que sus vidas o sus emociones están bloqueadas debido a esos momentos de dolor que experimentaron e intentaron reprimir u olvidar por el temor a sufrir.

He escrito este libro porque tu sufrimiento no es ajeno para mí, y sé que cuando no lo reconocemos se aloja en el inconsciente y es algo que debemos sanar, de lo contrario, se puede manifestar en síntomas físicos, desórdenes mentales o enfermedades.

Es primordial crear consciencia de que no podemos dejar pasar eventos importantes de la vida sin vivir las emociones vinculadas a ellos. Que la fe es el mejor recurso para mantenerse en pie, con la certeza de que todo lo que pasa trae un bien mayor, que mostrarse vulnerable es la clave para sobrellevar el dolor y aprender a recibir ayuda, que soltar la resistencia a aceptar lo que es, nos aleja de la resignación y abre las puertas de la esperanza para vivir la nueva realidad, y que saber lo difícil de sobrellevar una situación de pérdida puede ser una gran oportunidad de servir con el propósito de evitar consecuencias peores en el futuro.

Todo este recorrido ha sido un proceso de sanación que me ha hecho reconocer que mis padres me dieron lo más valioso que tengo: la vida, y está en mis manos elegir vivirla con gratitud y con la mejor actitud.

¡Hay tantas cosas que quiero revelar! Principalmente, la manera en que el camino de las pérdidas y los cambios me ha llevado a vivir con un nivel de consciencia mayor para reencontrar mi voz, para vivir de acuerdo con lo que mi corazón me dicta, para ser más compasiva con el dolor y las necesidades de los demás y ser feliz, a pesar de las experiencias que viví en el pasado.

Todos podemos hacer las paces con las pérdidas, verlas como parte del recorrido, porque así como ganamos también perdemos, solo debemos cambiar la perspectiva con la que transitamos estos momentos de reto que nos presenta la vida.

Te acompaño en esta travesía hacia tu interior, porque algunos de los recursos que necesitamos para encarar los desafíos solo podemos encontrarlos dentro de nosotros. Comparto a través de estas líneas y con mi corazón abierto, algunas de mis vivencias, con la intención de mostrarte mi paso a través del duelo y cómo, sin importar cuán difícil haya sido, fue posible sanarlo y continuar mi camino. Deseo que este libro sea un viaje durante el cual puedas encontrar tu voz, hacerle frente a los problemas y convencerte de que tienes los dones y talentos que necesitas para encontrar soluciones y seguir adelante con fe, fortaleza y alegría.

Y concluyo esta introducción con un texto que leí sobre la situación de la pandemia escrito por Águila Blanca, jefe de la tribu nativoamericana Hopi, ubicada en el noreste de Arizona[1]:

---

1 Bridgenit, *Mensaje de Águila Blanca, indígena Hopi: Búsqueda de la visión.* Sociedad Red Road: Medicina original y tradicional para todas las relaciones, acceso el 24 de mayo de 2021. https://bit.ly/2XVQo1k

La búsqueda de la visión

*Este momento por el que la humanidad está atravesando
ahora puede verse como un portal y como un agujero.
La decisión de caer al hoyo o atravesar el portal depende de ti.
Si rastreas el problema y consumes las noticias las 24 horas del día, con
poca energía, nervioso todo el tiempo, con pesimismo, caerás en el agujero.
Pero si aprovechas esta oportunidad para mirarte a ti mismo, repensar la
vida y la muerte, cuidarte a ti mismo y a los demás,
cruzarás el portal.
Cuida tu hogar, cuida tu cuerpo. Conéctate con tu casa espiritual.
Cuando estás cuidando de ti mismo, te estás ocupando de todo lo demás.
No pierdas la dimensión espiritual de esta crisis, asume la visión del
águila, que desde arriba ve todo el conjunto, ve más ampliamente.
Hay una demanda social en esta crisis, pero también hay una demanda
espiritual. Las dos van de la mano.
Sin la dimensión social, caemos en el fanatismo.
Pero sin la dimensión espiritual, caemos en el pesimismo
y la falta de sentido.
Estabas preparado para atravesar esta crisis. Toma tu caja de herramientas
y usa todas las herramientas disponibles para ti.
Aprende sobre la resistencia de los pueblos indígenas y africanos: siempre
hemos sido y seguimos siendo exterminados. Pero todavía no hemos dejado
de cantar, bailar, encender fuego y divertirnos.
No te sientas culpable por ser feliz durante este momento difícil.
No ayudas para nada estando triste y sin energía.
Ayudas si cosas buenas emanan del Universo ahora.
Es a través de la alegría que uno se resiste.*

Además, cuando pase la tormenta,
cada uno de ustedes será muy importante
en la reconstrucción de este nuevo mundo.
Necesitas estar bien y fuerte. Y, para eso, no hay otra forma que mantener
una vibración hermosa, alegre y luminosa.
Esto no tiene nada que ver con alienación.
Esta es una estrategia de resistencia. En el chamanismo,
existe un rito de iniciación llamado búsqueda de la visión.
Pasas unos días solo en el bosque, sin agua, sin comida, sin protección.
Cuando cruzas este portal,
obtienes una nueva visión del mundo,
porque has enfrentado tus miedos, tus dificultades...
Esto es lo que se te pide:
Permítete aprovechar este tiempo para realizar tus rituales
de búsqueda de visión. ¿Qué mundo quieres construir para ti?
Por ahora, esto es lo que puedes hacer: serenidad en la tormenta. Cálmate,
reza todos los días. Establece una rutina para
encontrarte con lo sagrado cada día.
Cosas buenas emanan; lo que emana ahora es lo más importante.
Y canta, baila, resiste a través del arte, la alegría, la fe y el amor.
Resiste, Renace.

Cada uno de nosotros es responsable de todas nuestras experiencias. tú eliges: caes al hoyo o atraviesas el portal. Espero que con esta obra te agarres de mi mano para que juntos lo atravesemos. ¡Que así sea!

CAPÍTULO I

Reconectando con mi identidad perdida

Creo que todos los seres humanos decidimos encarnar en este planeta en un tiempo y lugar específico. Escogemos a nuestros padres y también las lecciones que nos ayudarán a evolucionar en nuestro camino espiritual. Elegimos el sexo, el color y hasta el nombre, aunque creamos que los escogió papá, mamá o la abuelita, como ocurrió en mi caso. Y, aunque al crecer les señalamos o culpamos por las situaciones difíciles vividas, ellos son el perfecto espejo elegido por nuestra alma para evolucionar.

Aprendemos de nuestro sistema de creencias, de nuestros padres, abuelos, hermanos mayores, maestros, etc. Vamos creciendo y en el transcurso de la vida creamos hábitos y costumbres alineados con esos sistemas que hemos formado en nuestra mente desde temprana edad. Y si vemos hacia atrás podemos darnos cuenta de las múltiples experiencias parecidas, para igualar esas creencias acerca de nosotros mismos.

Somos víctimas de víctimas y nadie es culpable, porque ellos no podían enseñarnos lo que no sabían. Ellos hicieron lo mejor que pudieron con lo aprendido cuando eran niños, a menos que se hayan hecho responsables de su propio camino de evolución y hayan elegido hacerlo diferente. Por esa razón, si queremos entenderlos, lo mejor será escucharlos, hablar sobre su infancia y su etapa de crecimiento, prestándoles atención con compasión, porque así aprenderemos sobre sus miedos, sus dolores y, especialmente, sabremos de dónde vienen esos patrones que heredamos.

NO VALGO LO SUFICIENTE

Esto fue lo que creí por años después de haber sufrido el cambio de mi nombre, María Fernanda, justo dos meses antes de comenzar mi sexto grado en la escuela primaria. Ese nombre lo escogió mi abuela, sin embargo, un compadre de mi papá, decidió cambiarlo por María Alejandra cuando me presentó en la Prefectura del Municipio. Aún no sabemos por qué motivo.

Este cambio de identidad, en un momento difícil debido a la crisis propia de la edad, transformó mi vida y me desconectó de mi verdadera esencia. El no poder mantener el nombre con el cual había sido bautizada, sembró la creencia, sin yo darme cuenta, de no ser lo suficientemente valiosa.

Pensar en María Fernanda me lleva a recordar a una niña llena de amor, de luz, de energía, cuyos ojos verdes eran como una ventana abierta hacia el cielo. Una niña hermosa, luminosa, atrevida, ingenua, sonriente, alegre y, sobre todo, muy querida por todo el mundo.

La música la conectaba con su papá, ya que ambos compartían un amor especial por ese arte y él estaba orgulloso de que ella tocara la guitarra y cantara frente a sus amigos.

María Fernanda siempre se sintió amada, consentida e importante para su papá. Sin embargo, al comenzar su etapa de adolescencia, él le revela que el nombre que aparecía registrado en

CAPÍTULO I. RECONECTANDO CON MI IDENTIDAD PERDIDA

su partida de nacimiento era María Alejandra y no María Fernanda, y le dice: *"Tenemos que tramitar tu cédula de identidad y pasaporte. En tu partida de nacimiento apareces como María Alejandra y yo no tengo dinero para pagar lo que cuesta cambiar tu nombre, así que de hoy en adelante te llamarás María Alejandra".*

No hubo consulta, solo un mandato. Sin embargo, con apenas once años me tocó asumir un gran cambio: la alteración de mi identidad. Fue un momento determinante en mi vida y, al no tener alternativa, asumí "supuestamente tranquila" que mi nuevo nombre, *María Alejandra*, sería mi nombre de artista. Pero después de muchos años y diversas terapias para recobrar mi autoestima descubrí que por consecuencia de tan impactante noticia se grabó en mi memoria: "no vales lo suficiente como para hacer el esfuerzo de conservar tu nombre".

Así que tomé el nombre, pero no me traje todo lo demás. No me traje mis guitarras, ni mi canto, no me traje mi voz, ni las partituras. Se puede decir que María Fernanda se quedó con todo. Abandoné completamente lo que estaba ligado a la música, aún gustándome tanto.

Desde el momento en que mi nombre fue cambiado, energéticamente, porque ya estaba alterado en el papel, mi niña se desconectó de todo lo que la hacía feliz.

A raíz de este evento empecé a perder mi voz. En mi proceso de desamor, baja autoestima y no sentirme suficientemente valiosa como para mantener "lo que era", perdí mi voz, literalmente. Y es que María Fernanda perdió el derecho a expresar lo que ella quería en verdad. No tuvo voz para decir: "quiero quedarme con mi nombre".

> *Necesitamos darle prioridad a esa conexión y comenzar a reencontrarnos con nuestro niño interior.*

Ya sea porque perdemos la identidad, sufrimos abandono, somos abusados o maltratados, o lo más sencillo, ignorados por quienes teníamos a nuestro alrededor cuando éramos pequeños, debemos reconectar con esa parte de nosotros y sanar todo lo que sea necesario para vivir en paz y felices. Necesitamos darle prioridad a esa conexión y comenzar a reencontrarnos con nuestro niño interior.

Mi experiencia es que, independientemente de la edad, todos tenemos un pequeño niño interno que necesita nuestro amor y aceptación. Por más grandes o maduros que seamos, llevamos dentro a un chiquillo sensible e indefenso que necesita ser escuchado y que requiere atención y afecto sincero.

Nuestros éxitos y fracasos pueden estar ligados a esas creencias que, sin saberlo, llevamos guardadas desde nuestra infancia.

CAPÍTULO I. RECONECTANDO CON MI IDENTIDAD PERDIDA

Creíamos ser un desastre cuando las cosas no salían bien, pensábamos haber hecho algo malo y que por esa razón nuestros padres, o los adultos, nos castigaban, o, peor aún, no seríamos dignos de su amor, y cuando deseábamos algo y no nos lo daban entonces pensábamos: «No valgo lo suficiente». Lo más lamentable, cuando nos hacemos mayores, rechazamos ciertas partes de nosotros mismos por no creernos merecedores de amor y reconocimiento.

Como María Alejandra, desde un principio, tuve muchos problemas. Uno de los peores fue que engordé muchísimo, con solo trece años pesaba más de setenta kilos. Me convertí en el centro de la crítica de mi familia. Mis padres no se dieron cuenta de cuáles eran las causas de este cambio y yo tampoco. Todo se le atribuía a la adolescencia. Recuerdo que me llevaron a muchos médicos y endocrinólogos para quitarme la adicción a los dulces, pero resulta que esa necesidad de azúcar no era más que una búsqueda de amor. La necesidad de sentirme amada y valorada.

Durante esa transición, mi adolescencia fue compleja. Además de subir de peso, me volví rebelde y malhumorada. Me fui convirtiendo en una joven frustrada y con la autoestima muy baja. Me encerraba en mi cuarto por horas, mi luz iba disminuyendo. Estaba molesta con la vida. Constantemente me preguntaba qué había pasado o en dónde me había perdido. Con frecuencia escuchaba una canción cuya letra decía:

*Yo, soy rebelde porque
el mundo me ha hecho así,
porque nadie me ha tratado con amor,
porque nadie me ha querido nunca oír…*

En el transcurso de los años, viví experiencias difíciles, un continuo reflejo de lo poco que me valoraba. A partir de los veintiocho años me fui haciendo consciente de la necesidad de trabajar sobre este tema porque mis relaciones me mostraban el escaso amor que me tenía.

SANAR LAS VIEJAS HERIDAS

El trabajo con tu niño interior es de gran utilidad para curar las heridas del pasado, lo he comprobado. No siempre sabemos por dónde comenzar porque nos cuesta conectar con los sentimientos de poco valor de esa personita que llevamos dentro. Si durante tu infancia sentiste miedo, angustia, soledad y, ahora, te castigas mentalmente, continúas tratando a tu niño interior de la misma forma. Sin embargo, tú puedes elegir hacerte cargo y cuidar de él porque nadie más que tú puede encargarse de sanarlo y proveerle una nueva dimensión de felicidad para su vida. Es necesario superar las creencias limitantes aprendidas. Necesitas conectarte con ese pequeño que se siente perdido, y expresarle tu amor.

Te invito a poner a un lado el libro por un momento, y que te tomes un espacio de tiempo para comunicarte con tu niño,

CAPÍTULO I. RECONECTANDO CON MI IDENTIDAD PERDIDA

ahora mismo. Siéntate en silencio, cierra los ojos y habla con él. Si nunca has hecho esto, es posible sentirte extraño. Es normal. Insiste. Imagínate caminando hacia un lugar donde está sentado tu niño pequeño, llegas hasta donde está e imagina que lo abrazas muy fuerte y le dices: «Deseo hablar contigo. Reconozco que te he ignorado. Me interesa mucho saber lo que sientes. En verdad eres muy importante para mí. Deseo amarte». Confía. Lograrás comunicarte. Siente ese amor dentro de ti, observa cómo a tu niño se le ilumina la cara y te sonríe con mucha gratitud y amor.

Necesitas conectarte con ese pequeño que se siente perdido, y expresarle tu amor.

Si esta es la primera vez que hablas con tu niño interior, quizás quieras comenzar pidiéndole disculpas. Exprésale tu arrepentimiento por no haberlo escuchado, manifiéstale tu deseo de compensar todo el tiempo que han estado separados. Pregúntale qué puedes hacer para crear felicidad junto a él, interésate por saber si tiene algún miedo. Pregúntale qué desea de ti. Puedes hacer esto varios días seguidos, tómate un tiempo para conectar con lo más profundo de tu interior, te aseguro que tu vida comenzará a cambiar de una manera sorprendente.

Los niños no tienen la capacidad de entender por qué pasan las cosas, no suponen a sus padres teniendo dificultades, no piensan en maldad, solo aprenden lo que ven, tampoco los imaginan experimentando situaciones complejas. Por eso, para mí, resulta tan relevante escribir este libro y reconocer el poder que tienen los adultos para afectar la vida emocional de un niño. Cuando somos pequeños vemos las cosas de una manera binaria: me quieren o no, me prestan atención o no.

> *Es en la familia donde nace el amor propio, y donde se alimenta la autoestima.*

Es en la familia donde nace el amor propio, y donde se alimenta la autoestima. En el núcleo familiar se forja todo, se construyen las bases del amor, el apoyo, el reconocimiento, la ayuda, la contención y la valorización. Con esa fuerza de sostén nadie de afuera puede destruir tu valor y autoestima. Sin embargo, muchas veces, las figuras que deberían darnos seguridad, amor y protección, son quienes, sin querer, nos lastiman.

Lejos de culpar o señalar, la intención es crear consciencia con respecto a este tema. Lo planteo desde el amor, porque el gran regalo que le ha traído María Alejandra a mi vida es hacerme cargo de mí misma, de esa pequeña niña llamada María Fernanda, darle amor y atención, y con ese entendimiento, sanar para continuar una vida alegre y feliz, mientras soy de ayuda para otros.

CAPÍTULO I. RECONECTANDO CON MI IDENTIDAD PERDIDA

Quisiera agregarle aún más valor a este reencuentro con tu niño interior y ofrecerte otros ejercicios que utilicé para reconectar con mi niña y fueron muy poderosos; los conseguí en los libros de Louise Hay, especialmente en *Usted puede sanar su vida*.

Busca una fotografía tuya de cuando eras niño. Mira la foto. ¿Qué ves? ¿Ves a un niño desdichado o ves a un niño feliz? Busca varias fotos de tu infancia y habla con el niño de cada foto, mírale a los ojos. ¿Qué siente? Háblale y pregúntale ¿qué estaba pasando en ese momento de tu vida? Comunícate con él, si lo ves asustado, haz algo para tranquilizarlo. Si lo ves alegre contagia tu alma con esa alegría.

También es muy útil que hagas el ejercicio de hablar con tu niño interior frente al espejo. Si tenías un sobrenombre en tu infancia, utilízalo. En mi caso, mi sobrenombre era Tata muchos en mi familia aún me llaman así. Siéntate frente al espejo, es lo mejor, así evitarás las ganas de salir corriendo cuando empieces a sentir esa fuerte conexión. Si lo haces con dedicación e intención, te aseguro que tendrás una experiencia maravillosa y transformadora. Ten una caja de Kleenex o pañuelos desechables antes de sentarte y empezar a hablar. Permítete fluir con tus emociones.

Otra práctica utilizada por mí y que me ha servido mucho es comunicarme a través de la escritura, práctica también llamada *journaling*. Mediante la escritura en un diario brotará muchísima información. Usa dos bolígrafos o resaltadores de colores distintos. Utiliza tu mano dominante para escribir una pregunta. Luego, con tu otra mano, tomas otro bolígrafo y comienza a escribir la respuesta del niño. Te sorprenderás con lo que escribas porque aunque creas, desde el adulto, que conoces la respuesta, cuando tomas el bolígrafo diferente con la otra mano, la respuesta suele resultar distinta a la esperada.

Haz cosas agradables para tu niño, juega con él. Recuerda qué te gustaba muchísimo hacer cuando eras pequeño. ¿Cuándo fue la última vez que lo hiciste? Nos desconectamos de nuestro niño interior al crecer, esa parte de padre o madre que llevamos en nuestra mente nos impide divertirnos porque tenemos el mandato de ser adultos. Se nos olvida tomarnos un tiempo para ello y trae un gran beneficio para nuestras emociones.

Haz cosas simples de cuando eras niño, como salir al patio a mojarte cuando estaba lloviendo. Ve a un parque donde haya niños jugando y observa qué hacen, te traerá memorias de tu niñez y mucha más expansión para tu vida, vuelve a actuar desde esa alegría y espontaneidad típica en la mayoría de los niños y verás cómo comienzas a divertirte.

Reescribe tu infancia. Si tus padres no eran cariñosos y te resulta difícil relacionarte con ellos, busca una imagen donde aparezcan una madre y un padre amoroso, coloca esa foto cerca de tu foto de pequeño y crea nuevas imágenes. Empieza a visualizar el tipo de vida que te gustaría disfrutar con tu niño interior. Te sorprenderás con los resultados.

Después de todo este trabajo que hoy comparto contigo y te recomiendo hacer, he podido volver a reconectar a María Fernanda y a María Alejandra. Hoy entiendo la importancia de pedir ayuda profesional cuando hay un proceso de cambio o pérdida en la familia. Si cuando me cambiaron el nombre, me hubiesen llevado a un psicólogo, a un especialista en terapias sistémicas y constelaciones familiares para trabajar esa transición, otra historia hubiera ocurrido. Sin embargo, el alma escoge su viaje y es gracias a todas esas experiencias que María Fernanda y María Alejandra han vivido hasta convertirme en la mujer que soy hoy. Gracias al reencuentro de ambas, hoy puedo relatar mi historia. La comparto con el propósito de motivar, inspirar y ayudar a otras personas que han vivido situaciones similares y que nunca se han sentado a pensar o que ni siquiera se han imaginado, que el bloqueo de sus emociones puede ser debido a experiencias pasadas que han dejado atrás. Aunque no es fácil olvidarlas, solo se esconden y están ahí, dentro de nosotros. Para caminar por la vida viviendo desde el disfrute, la alegría y el éxito, es importante sanarlas.

Ese es uno de mis objetivos siendo María Alejandra. Como también lo ha sido dedicarme los últimos veintidós años a recuperar mi voz, a amarme y aceptarme por sobre todas las cosas, a ocupar mi lugar en el mundo y a compartir con la humanidad lo aprendido y mi sabiduría, producto de la reflexión de todo lo vivido.

¿Dónde estoy en mi proceso? María Fernanda quería ser cantante o maestra. Tal vez, solté el rol de artista para ser maestra, porque de alguna manera ahora soy maestra y utilizo mi voz para ello. He ido recuperando mi voz, paso a paso, para poder ser la artista y la maestra, pero desde otro punto de vista: ayudando a las personas a reconocer sus pérdidas y encontrar el camino de regreso a una vida llena de amor, bienestar y empoderamiento.

Todo este recorrido ha sido un maravilloso proceso de sanación, en el cual reconozco con gratitud a mis padres, quienes me dieron lo más valioso que tengo: la vida. Por eso y por mucho más, les doy infinitas gracias y los amo con toda mi alma. Hoy sigo siendo la misma: una mujer amorosa y servicial. Me encanta dar y recibir apoyo.

En definitiva, todo lo vivido me ha ayudado a encontrar la paz y, sobre todo, mi propósito. Principalmente, el camino de las pérdidas y los cambios me han llevado a vivir con un nivel de consciencia mayor para reencontrar mi voz, para vivir con fe y esperanza, a pesar de las complejas experiencias del pasado.

Todos podemos ser felices a pesar de cualquier circunstancia, solo debemos cambiar la perspectiva con la que vemos la vida. Deseo que este reencuentro con tu niño interior te permita encontrar tu valor, sanar el pasado y aprender a ser feliz con quien eres.

CAPÍTULO II

La vida con sus altos y bajos

Cuando decidí escribir este libro pensé en la importancia de hablar de la vida desde las experiencias habidas cuando sufrimos pérdidas. Concibo la existencia como un camino de evolución y aprendizaje donde se contrastan momentos de mucha alegría y otros de profunda tristeza. Somos parte de una interesante serie donde nuestra alma asume el personaje principal y cada episodio nos afecta con enseñanzas agradables o desagradables.

Recuerdo una frase de San Agustín que decía: "La felicidad consiste en saber tomar con alegría lo que la vida nos da y saber soltar con alegría lo que la vida nos quita". Mi deseo es compartir mi entendimiento sobre la bondad de la presencia de esos momentos en los que nos cambian las circunstancias y nuestra vida se transforma, o comienza a hacerlo.

> *Pero vivir es mucho más que perder, es un cúmulo de eventos, afortunados o desafortunados que, al fin y al cabo, son manifestaciones maravillosas que suman a nuestra existencia.*

En cualquier momento, la vida te quita algo. Perder es parte de la danza de existir. Pero vivir es mucho más que perder, es un cúmulo de eventos, afortunados o desafortunados que, al fin y al cabo, son manifestaciones maravillosas que suman a nuestra existencia.

Amo la vida, y cuando pienso en ella me la imagino soleada, brillante, hermosa, veo abundancia, extensión, posibilidades. Sin embargo, desde muy pequeña, aprendí que la vida también te da otras cosas y es importante comprender cómo vivirla con todo lo que trae sin dejar de ser uno mismo, sin perder nuestra esencia.

SOMOS SERES ESPIRITUALES, VIVIENDO UNA EXPERIENCIA HUMANA

He elegido percibir las experiencias duras de la vida como asignaciones espirituales para el crecimiento y la sanación. Me ha ayudado mucho reconocer quién soy e identificar la naturaleza de mi alma. Somos únicos e irrepetibles, seres espirituales viviendo una experiencia humana y cada uno de nosotros tiene su propia esencia individual. Todas las cualidades innatas que tenemos y conforman nuestra naturaleza, son dones que desarrollamos cuando trascendemos una vivencia y la compartimos con el mundo.

He aceptado que nada sucede por accidente y sé que mientras recuerde que mi alma atrae lo que necesito vivir para evolucionar, podré aceptar las experiencias difíciles, y aunque las considere situaciones de oscuridad, sé que representan nuevas oportunidades para afirmar mi poder interior y acercarme a la consciencia.

A mí no me gusta perder, creo que a nadie le gusta. Sin embargo, atravesamos por pérdidas en muchas ocasiones. Perder es una parte del baile de la vida, donde danzamos entre vivir y morir. A través de mis procesos de duelo he comprendido que la vida nos brinda nuevas posibilidades para continuar y cumplir nuestra misión en la tierra. Por eso, cuando un gran cambio, un contratiempo mayor o la muerte aparecen en mi camino, siempre lo recibo con la convicción de que algo favorable viene después y yo tengo el poder de elegir cómo enfrentarlo. Sacando un beneficio adicional, tengo la oportunidad de conocerme más y seguir descubriendo quién soy como ser espiritual.

Perder es una parte del baile de la vida, donde danzamos entre vivir y morir.

He visto en repetidas ocasiones durante mi práctica como *coach* holístico que a muchas personas les cuesta aceptar que en la vida también se pierde, es por eso que deberíamos desarrollar con mayor conciencia el arte de dejar ir y así evitaríamos llevar tanta carga de sufrimiento en nuestro recorrido. He descubierto que aparece un vacío en nuestras vidas cuando no nos preguntamos: ¿cuál es el bien mayor en esta situación?, ¿quién soy yo a pesar de las circunstancias? Lo ideal es aprovechar estos momentos de prueba para descubrir quiénes somos, no desde lo que tenemos, hacemos o hemos alcanzado, sino observando nuestro propio camino del alma.

Desde muy pequeña he sido alegre y conversadora, me encanta conectar con las personas y ser un medio de enlace entre ellas. Disfruto agenciando que la gente vea la vida como un gran horizonte lleno de abundantes posibilidades para relacionarse, crear, crecer y disfrutar. Es por eso que expreso mi sentir optimista en cada cosa que hago, con el deseo genuino de aportar beneficio a quienes son parte de mi camino.

TENEMOS QUE SABER PERDER Y SABER GANAR

Cuando nos identificamos con ese algo que vibra en lo profundo del ser no nos identificamos con el papel que nos toca representar ni con las posesiones. Nos perdemos en los logros sin darnos cuenta de que todo pasa. Nada es permanente.

La vida significa pérdida. Los hijos se van del hogar por diversas razones, una esposa ya no siente más amor, el padre enferma y muere, el ejecutivo ya no es útil en su empresa, la mujer tiene que mudarse de país para ofrecer mejor calidad de vida a sus hijos. En fin, todo empieza y termina.

La misión para cada uno es no quedarse sumergido en el sufrimiento de la pérdida sino aprender a vivir el presente con todas las pruebas que implica. La mayoría de las personas no acepta lo que le toca en el momento, pero tampoco se enfoca en el futuro, entonces se queda con la energía puesta en algo del pasado que no pudo resolver o controlar, se queda atrapado en el dolor de lo que ya no tiene.

> *La misión para cada uno es no quedarse sumergido en el sufrimiento de la pérdida sino aprender a vivir el presente con todas las pruebas que implica.*

Aprender a ganar en las pérdidas significa aceptar las cosas que sucedieron sin querer cambiarlas, aunque hubiésemos querido que fueran distintas. Significa mirarlas, trabajar las heridas, permitirnos derramar lágrimas con naturalidad y, luego, espontáneamente, sentir la apertura y la alegría de vivir de nuevo, más allá de lo que pasó.

A veces tenemos que desmoronarnos para renacer, tocar fondo en el dolor para dar un gran salto hacia una gran transformación. Experimentar una enfermedad, puede resultar en reunión familiar; la muerte de un ser querido, en aprender a recibir apoyo; vivir un proceso de bancarrota, lleva a apreciar el valor de la amistad. Eventos como estos nos ayudan a despojarnos de todas las percepciones externas que nuestro ego tiene sobre nosotros mismos. Y es allí donde ocurre el milagro y comenzamos a ver que, a veces, se gana, y a veces se pierde, pero en todas se aprende.

LA DIFERENCIA ESTÁ EN TU ELECCIÓN

La diferencia que he visto con respecto al evento de mi cambio de identidad, de María Fernanda a María Alejandra, es que yo elegí en este caso que ahora tendría un nombre de artista. Poder decir "Yo elijo" es un decreto de vida. Es tener consciencia de que no importa lo que me esté sucediendo, siempre tengo la libertad de elegir cómo responder y actuar ante cualquier situación.

Si estás triste y eliges estar feliz, el siguiente paso es preguntarte, ¿cómo puedo estar feliz? La respuesta no es que al elegir todo llega como por arte de magia. No. Pero si cambias tu actitud, tu vibración, conectas con tu corazón y empiezas a sustituir los pensamientos negativos de tu mente por ideas útiles, esa elección comienza a hacerse realidad paso a paso. Para ello existen técnicas, recursos, meditaciones y libros que te asisten para ponerlo en práctica. (Al final de este capítulo te daré una pequeña meditación escrita para ayudarte).

Cuando elegimos, van apareciendo los recursos y las oportunidades para poder alcanzar eso que aspiramos. No obstante, todo viene de tomar una decisión desde una intención clara. Un lema por el cual vivo y forma parte de todo lo que logro en mi vida es: "Cuando la intención está clara y el deseo de tu corazón es profundo, el cómo siempre aparece". Por tanto, la intención unida a la elección es la clave.

Somos libres de elegir dónde estar y dónde quedarnos. Podemos decidir ser víctimas y preguntarnos una y otra vez ¿por qué a mí? O, por el contrario, interesarnos en aprender: ¿para qué me está sucediendo esto? ¿Cómo puedo sacar el mejor provecho a esta situación? ¿Qué puedo aprender de lo que me ha tocado vivir? ¿Qué puedo hacer a partir de este momento?

Saber y aplicar el poder de la elección nos ayuda a hacernos responsables de elevar nuestro nivel de consciencia. Además, para tener la capacidad de elegir es primordial tener la libertad de hacerlo y escuchar lo que pide el corazón para alcanzar lo que el alma necesita.

Saber y aplicar el poder de la elección nos ayuda a hacernos responsables de elevar nuestro nivel de consciencia.

Cuando era adolescente tenía la necesidad de libertad, quería salir de mi casa, según mi perspectiva de niña rebelde, y dejar atrás el yugo de mis padres. Sufría por tener sobrepeso y baja autoestima. Esto me causaba grandes problemas. Por inmadurez, pensaba que la única manera de aliviar mi dolor era casándome, sin saber que eso no era libertad ni tampoco la solución.

Me casé a los dieciocho años con un hombre que resultó ser un gran maestro de vida. Fue el mejor espejo para darme cuenta de lo poco que me amaba a mí misma. Hoy le agradezco infinitamente que haya sido parte de mi vida. En nuestros dieciocho años de matrimonio tuvimos muchos altibajos, atesoramos un cúmulo de experiencias (algunas nos causaron grandes heridas), muchos aprendizajes juntos y logramos la mejor de las fortunas: tener dos hijos maravillosos.

El amor cambia de forma. Hoy lo honro y reconozco, porque gracias a él, a que nuestras almas se cruzaron y compartimos durante esos años, pudimos tener esos retoños que son el mejor regalo que él me pudo dar en el tiempo que compartimos. Aunque fue una etapa difícil y terminamos separándonos, cada día le agradezco desde lo más profundo de mi corazón la familia que pudimos formar, ya que sin él no hubiera sido posible.

CAPÍTULO II. LA VIDA CON SUS ALTOS Y BAJOS

Es ahí donde radica la libertad, en hacernos responsables de cómo vemos nuestras experiencias, en elegir ver lo bueno en medio de las circunstancias adversas y decidir de qué manera queremos continuar.

Cada vez que abrazo a mis nietos y comparto con mis amados hijos, sigo agradecida de lo bueno y lo positivo de nuestro encuentro. Es ahí donde radica la libertad, en hacernos responsables de cómo vemos nuestras experiencias, en elegir ver lo bueno en medio de las circunstancias adversas y decidir de qué manera queremos continuar.

No basta decir: "soy libre, elijo lo que quiero". También nos toca ser conscientes de los resultados, si no son los esperados es necesario reflexionar, preguntarnos dónde estuvo la falla y cuestionarnos si lo que sucedió no es lo que se quería. La invitación es a recapacitar, a identificar en profundidad qué pensamos y sentimos y, además, cómo y desde dónde hicimos la elección.

Después de haber vivido varias pérdidas en el ámbito amoroso y hacerme responsable por mis elecciones, aunque el resultado no haya sido el esperado, surgió en mí la desconfianza y, por qué no decirlo, la inseguridad. Cuando al paso de los años mi camino se cruzó con el de José Eduardo —un hombre menor que yo, quien se convertiría en mi actual esposo—, lo primero que pensé fue: ¿por qué se fija en mí?, ¿qué está buscando? Me asaltaron tantas dudas y todos los monstruos mentales salieron a la vez. ¿Qué va a decir mi familia?, pensé, y volvieron a mi mente las críticas que recibía constantemente en la adolescencia.

Fue en ese instante cuando escuché la voz de mi corazón y elegí desde la libertad. Decidí hacerme responsable de esa relación, de buscar la manera de crecer en ella, de transformarnos y lograr que dos seres, de diferentes generaciones y con visiones de la vida distintas, pudieran evolucionar juntos y llegar a un territorio en común como pareja, lo que ha significado un gran reto para ambos. Sin embargo, ha sido todo un trabajo de amor, de compromiso y quizás hasta una locura.

¿Y a quién se le ocurre semejante locura?

¡A María Alejandra!

Quizás porque en esa búsqueda de propósito, de mostrarle a la gente a su alrededor el poder de su propia voz, de ver la verdadera esencia de su ser, ha mantenido viva la esencia de esa niña a la que le cambiaron su nombre. Tal vez, esa esencia de María Fernanda fue la que vio José Eduardo cuando me conoció. Posiblemente, percibió a esa niña llena de luz, de amor y, por eso, me ve joven. Afortunadamente, con el paso de los años, la vida me ha enseñado que el amor es otra cosa. El amor va más allá de las formas, de los cánones sociales o las diferencias de edades. Por eso, una vida con sentido tiene que estar basada en ese amor.

El amor es lo que somos, regresamos del amor. Es lo que traemos al mundo, es lo que damos y recibimos en nuestro recorrido, es la energía que compartimos con todos. Venimos del amor de Dios, del amor universal, de la consciencia no circunscrita. Sea como sea que lo entiendas en tu corazón, lo que importa en la vida y en las relaciones, siempre va a ser el amor.

El amor va más allá de las formas, de los cánones sociales o las diferencias de edades. Por eso, una vida con sentido tiene que estar basada en ese amor.

EN LA VIDA TODO PASA

Escuchamos una y otra vez que en la vida todo pasa. Yo estoy convencida de que es así. Creer en ello es lograr integrar con gratitud en el corazón cada experiencia, y verla como una oportunidad de aprendizaje que admitimos con amor. Es asentir al paso de la vida, de las experiencias que suceden y estar en paz con ellas. Es permitirte vivir en armonía y gratitud por todo lo vivido.

Sí, todo pasa. Pero ¿qué me queda de eso?, podrías preguntar.

Las memorias, lo vivido, lo aprendido. Todo lo que eres hoy en día, será la respuesta.

Cuando vivimos desde el todo pasa, no nos quedamos atascados en el qué, sino que avanzamos hacia el para qué. No nos detenemos en el por qué, sino que aceptamos que hay una razón mayor en todo, que hay un sentido en cada experiencia e integramos cada una con agradecimiento, reconociendo la abundancia y los regalos en todo lo que existe, en todo lo que acontece, porque comprendemos que en todo lo que pasa siempre hay algo bueno, positivo.

Con esta perspectiva siempre podremos ver la vida mucho más bonita, podemos ver que el mundo se puede transformar en un lugar mejor. Luego de hacerme responsable por mi vida y cómo deseaba vivirla, la relación con mi familia ha mejorado exponencialmente. Mi madre y mi hermana, con quienes peleaba y tenía grandes diferencias, hoy están muy cercanas a mi corazón y les agradezco infinitamente por todo lo que he aprendido con ellas.

Lo más importante en la vida debería ser vivirla desde lo que somos, desde la impecabilidad de nuestra esencia, sin la competencia. A veces, competimos por querer ser como otra persona, o porque nos sentimos más o menos importantes. El resultado de todo esto es que no nos amamos lo suficiente por ser quienes somos.

Hace poco una amiga me recordó lo importante de mi vida, la influencia que puedo tener en otros viviéndola con libertad y eligiendo conscientemente. Me envió un mensaje de voz en el que me contaba que estaba muy ansiosa porque tenía que entregar unos exámenes de la universidad y no podía dormir. Pensando qué hacer para superar ese momento estresante, decidió escuchar una de mis meditaciones. Lo que me dijo a continuación me conmovió: "No te puedo explicar lo que sentí. Tu voz es una cosa especial, la profundidad, el regalo, la suavidad, el amor que hay en ella. Eres como un ángel en la tierra". Fue un hermoso mensaje que me tocó profundamente y me recordó lo necesario de mantenerme humilde dentro de mi propósito.

Gracias a todo lo vivido, reconozco en mi voz un instrumento de conexión y, a la vez, una herramienta de sanación que es el gran regalo de haber retomado mi poder. Es el propósito de mi vida, es la misión que tengo. Cumplirla me llena el alma y utilizo ese don maravilloso que Dios puso en mí para que se convierta en un regalo para los demás.

Por eso, cuando recibo mensajes como este, hablo con Dios y le digo: "Gracias, Dios, porque estoy en el camino. Haz que nunca olvide que es tu camino y no el mío". Me entrego y confío. Porque quiero que así sea siempre, quiero ser un instrumento de luz, amor y paz.

Cuando estamos dispuestos a ser un instrumento de Dios, el cómo siempre, aparece. Cuando nos entregamos, recibimos lo necesario y de forma abundante. Esto es parte de lo que quiero sembrar en tu corazón. La vida es un viaje maravilloso. Creo en elegir con libertad y vivir con las consecuencias. Creo en el poder de educar desde el amor. Creo que uno de los puntos esenciales en la vida es reconocer la esencia de nuestra alma y vivir como un ser espiritual que tiene una experiencia humana. Creo en el poder de la gratitud, que todo pasa para que tu alma evolucione y siempre en pos de un bien mayor.

VALORES PARA ESTE VIAJE

Ya hemos iniciado juntos un maravilloso viaje con este libro y, en este momento, me gustaría hacer una parada para hablarte un poco de algunos valores que considero necesarios para el proceso que viviremos.

Además de tener claro que en la vida **todo pasa,** que siempre tenemos la **capacidad de elegir** y que es fundamental vivir desde el **amor**, la **libertad, la aceptación** y en **gratitud**, para completar tu maleta la recomendación es meter también:

Resiliencia. Es la capacidad que tenemos las personas para superar circunstancias traumáticas, reponernos y curarnos de las heridas para continuar adelante en la vida.

Servicio al prójimo. Cuando orientamos nuestra vida al servicio, la misma cobra un significado mayor. Tener esa disposición para ayudar a otros, para comprender su necesidad, siempre desde nuestro espíritu. Por eso, estoy de acuerdo con las palabras de la Madre Teresa: "Si no vives para servir, no sirves para vivir".

Compasión. Es un valor fundamental para el ser humano, conjuga la empatía y la comprensión hacia los demás. En cada momento, bueno o malo, hace una gran diferencia vivir con compasión.

No juicio. Aceptar lo que nos sucede sin emitir criterios de valor es vivir desde el no juicio. Siendo uno de los aprendizajes que más me ha costado integrar y estando consciente del regalo que significa para mantener buenas relaciones, la invitación es buscar permanecer neutral ante las circunstancias retadoras de la vida.

Dar para recibir. Este es el símbolo del amor infinito. Creo que es imposible caminar por el mundo sin la conciencia del dar. Hay que entender que cuando se está dispuesto a dar, de igual forma se debe estar dispuesto a recibir. Uno de los grandes retos que me ha tocado afrontar ha sido, justamente, aprender a pedir apoyo y recibirlo abiertamente. Hoy, sigo aprendiendo a abrir los brazos para recibir.

Valentía. En la vida es importante atrevernos y, para ello, hay que tener coraje. El coraje es la llama encendida en nuestro corazón. Logramos las cosas cuando lo que nos empuja y nos mueve, es esa fuerza en el corazón y, unida a esa energía, está la pasión.

Comunicación. Por último y, no por esto menos importante, está la comunicación. He descubierto el valor de la buena comunicación al comprender cuánto nos había costado en nuestro núcleo familiar comunicarnos bien y más aún, expresar el amor que sentimos.

En este sentido, recomiendo la lectura del libro *Los cinco lenguajes del amor,* de Gary Chapman. Estoy convencida de la importancia de aprender cuáles son los lenguajes del amor de las personas, así podremos demostrarlo de manera que el otro lo entienda. De igual forma, es necesario expresar cuál es nuestro lenguaje preferido para recibir ese amor del modo en que lo necesitamos.

Y así continuamos nuestro viaje por la vida, un camino de evolución del alma en busca de la trascendencia. Un recorrido lleno de experiencias —agradables, desagradables, positivas o negativas—, en el que el alma encarna en un cuerpo físico. Una aventura en la que Dios nos regala dones especiales para que con ellos podamos desarrollar nuestros talentos a lo largo del viaje. Gracias a esos dones, lograremos muchas cosas y desarrollaremos cualidades específicas para compartir mientras permanecemos en este mundo.

CAPÍTULO II. LA VIDA CON SUS ALTOS Y BAJOS

Y así continuamos nuestro viaje por la vida, un camino de evolución del alma en busca de la trascendencia.

La vida no es más que la suma de todos esos dones, talentos, cualidades y experiencias conjugados para darle sentido y propósito a nuestro recorrido que, al final, no es más que un camino de servicio y de trascendencia para la humanidad.

MEDITACIÓN

Siéntate en una posición cómoda y toma unos momentos para sintonizarte con tu presencia, para sentir que estás vivo.

Respira y siente el aire cuando entra por tus pulmones y desde allí se disipa por todo tu cuerpo.

Siente, disfruta, relájate y recibe esta poderosa energía.

Ahora, visualiza tu corazón, obsérvalo funcionando, bombeando sangre.

Aprovecha este momento para agradecer a ese corazón que te permite experimentar el milagro de la vida, esa que se te ha dado para que la disfrutes y seas feliz.

No tienes nada que hacer, no tienes nada que lograr, solo nota la maravilla de sentir el respiro de tu vida, la habilidad que tienes de moverte, de hablar, de ver, de poder expresar tus emociones.

Escucha todos los sonidos y observa la grandeza en todo lo que ves y todo lo que forma este mundo en que vivimos.

Permítete ver como si fueras alguien que observa desde afuera. Cómo es tu vida en el momento presente, ¿cómo llegaste a ser de la manera que eres?

Sin importar lo que esté sucediendo o no esté sucediendo, tú estás vivo y puedes gritar al mundo: ¡estoy vivo!

¿No es maravilloso?

¿Qué pasaría si soltaras todos los condicionamientos que requieren que las cosas pudieran ser diferentes y miras a la gente alrededor de ti, justamente, de la manera que ellas son?

Puedes decirles cuánto las amas y también decirte a ti mismo cuánto te amas.

Qué privilegio que abras tu corazón y tomes todos tus dones, tus regalos y reclames tu preciosa vida, esa vida que es muy corta.

Los días pasan muy rápido, así que saboréalos. Hazte la promesa de conseguir alegría en lo más simple, en las cosas más ordinarias; algo como mirar una flor, ver las nubes o, simplemente, observar las estrellas durante la noche.

Imagina cómo sería tu vida si vivieras con este principio en la mente de **nunca tomar nada por descontado.** ¿Por qué no comenzar en este momento?

Toma una respiración profunda y date gracias a ti mismo.

Da gracias a la vida, da gracias a Dios, sea cual sea la forma en que lo llevas en tu corazón.

Da gracias por el aire que respiras, da gracias por todo y todos los que están cerca de ti. Llena tu corazón con esta sensación de gratitud, de alegría, de gozo por estar en esta tierra en este momento.

Sonríe, regálate una gran sonrisa y abrázate diciendo:

Esta es mi preciosa vida y la voy a disfrutar cada minuto y a cada instante.

Haces una respiración lenta, profunda, inhalas y exhalas dando gracias por este singular momento.

Damos gracias a Dios por el regalo de la vida.

Comenzamos a mover las manos, los pies, el cuello y a sentir nuestro cuerpo.

Cuando estés listo puedes abrir tus ojos.

Toma algo de agua para que puedas volver al momento presente.

CAPÍTULO III

El camino de las pérdidas

La muerte no existe, la gente solo muere cuando la olvidan;
si puedes recordarme, siempre estaré contigo.

Isabel Allende

AÚN PERDIENDO, SE GANA

Desafortunadamente, la pérdida es uno de los precios que pagamos por vivir en este mundo. Nos gustaría pensar que la vida solo tiene ganancias y no pérdidas, pero en el fondo sabemos que esto no es verdad. Eventualmente, nos toca dejar lugares y personas especiales que hemos querido, despedirnos de gente que hemos conocido y aprender a decirles adiós.

Muy pocos de nosotros estamos preparados para enfrentar el gran dolor asociado con la muerte de un ser amado. Pensamos que no podremos soportarlo, que sentir tanta tristeza es anormal, que hay algo malo en nosotros y nuestros sentimientos no son naturales.

Sin embargo, la pérdida es una parte natural de los ciclos de la vida. Nacemos y morimos. Cuando la noche llega el día se termina, cuando nos hacemos viejos, la juventud se acaba. Algunas pérdidas son inevitables, otras son inmediatas, unas inesperadas e impactantes, y algunas, eventuales. Pero todas ellas nos confrontan cada día y son lo común para nosotros.

En esta estación de nuestro viaje hablaremos de los diferentes tipos de pérdidas y los procesos que están ligados a ellas, así como las oportunidades que emergen luego de experimentarlas. Definamos entonces qué significa vivir una pérdida.

Una pérdida es la ausencia de un ser querido, de algo muy importante en nuestra cotidianidad y que al perderlo o acabarse nos deja un gran vacío. Esta ausencia nos genera muchas emociones encontradas, nos desestabiliza y nos empuja a hacer cambios, transforma de alguna manera uno o muchos aspectos de nuestra vida, porque después de una pérdida nos toca volver a comenzar, reencontrarnos con nosotros mismos e iniciar una nueva etapa de vida sin esa presencia significativa o eso que estábamos acostumbrados a tener.

Es muy frecuente que nos cueste identificar las pérdidas. Muchas veces las vivimos, pero no las consideramos como tales porque estamos habituados a pensar en el duelo solo cuando se vive un divorcio, la muerte o separación física de un ser querido, cuando lo cierto es que las pérdidas están relacionadas a muchos momentos trascendentes de la vida.

Por ejemplo, un parto es una pérdida. Aunque la madre esté viviendo la alegría de una nueva vida, también está cambiando su manera de vivir. Pierde su individualidad, su tranquilidad para dormir, cambia la dinámica de la relación con su pareja porque llega otra persona a ser parte de su día a día.

CAPÍTULO III. EL CAMINO DE LAS PÉRDIDAS

Las pérdidas no siempre se presentan por algo triste o desfavorable. También pueden venir por una situación positiva o un evento que resulta ser un regalo de vida.

Las pérdidas no siempre se presentan por algo triste o desfavorable. También pueden venir por una situación positiva o un evento que resulta ser un regalo de vida. Sea lo que sea que suceda, igual hay algo que se pierde. Lo viví en el año 2007, cuando decidí mudarme a Phoenix, Arizona.

Después de seis años de haberme divorciado de mi primer esposo conocí a Rafael, un hombre maravilloso con quien tuve la oportunidad de comenzar una vida nueva en pareja. Estaba superfeliz; aun así, fue un proceso de cambio muy fuerte para mí. No solo estaba dejando la mayor parte de mi familia en Venezuela, también renunciaba a un compromiso moral y personal: ayudar a crear un cambio de conciencia en la gente de mi país. Al momento de elegir una nueva oportunidad de vivir en pareja, por las condiciones de esta nueva relación que implicaba mudarme de país, tuve que romper ese compromiso conmigo misma.

Ese cambio produjo quiebres, abandonar un compromiso personal, separarme de mi familia y de mi hija, renunciar a mis costumbres y a mi trabajo como gerente en hotelería, un trabajo que disfrutaba mucho y en el que era reconocida social y profesionalmente.

Fue un gran giro y mi corazón sufrió un poco. Aunque cualquier persona desconocida podría haber pensado que con esa gran oportunidad de mudarme a USA no tenía motivo para quejarme. Con todo ese movimiento trascendental que estaba sucediendo, también estaba desprendiéndome de mi ciudad natal y de las diversas maneras de compartir mis dones y talentos, ya que en ese momento era conocida como publicista, relacionista pública, administradora y comenzaba a facilitar procesos de crecimiento personal a través del Proyecto Internacional de Autoestima.

Sufrimos muchas pérdidas al mudarnos de país. De alguna manera, perdemos la profesión, el estatus, la trayectoria. En otro país, todo ese recorrido seguro se abandona por un tiempo para volver a comenzar. Nos vemos obligados a probarle al mundo quiénes somos y qué somos capaces de hacer.

Los procesos de pérdida están estrechamente ligados a nuevos comienzos, ya sea que pierdas tu trabajo, se acabe una relación, tus hijos se vayan de la casa, se muera un familiar o sufras de una penosa enfermedad, siempre perderás muchas cosas y tocará recomenzar. También están muy relacionados con la transformación que experimentan los seres humanos ante una nueva vida a partir de la toma de consciencia, de la reflexión sobre los eventos que se afrontan y las emociones involucradas en el proceso.

En todo ese mar de emociones, algunas muy positivas y otras francamente retadoras, estamos desafiados a vivir cosas inimaginables, jamás consideradas como una posibilidad.

Las personas que se jubilan también pueden experimentar un proceso de duelo profundo, aunque no lo logren reconocer, este es un momento crucial en el que atraviesan por un gran desafío en una edad donde las condiciones físicas y mentales quizás ya no son las mismas. Muchos llegan a pensar y a sentir que ya no sirven para nada, que no son útiles. Se les desmorona la vida. Incluso hay personas que se suicidan al no poder responderse esta simple pregunta: ¿y ahora qué hago?

En muchas ocasiones, como fue mi caso, no solo se vive un duelo, podemos vivir dos o más pérdidas consecutivas o superpuestas. Es decir, se nos muere un ser querido, perdemos nuestro empleo, se muere la mascota, o fracasamos en un proyecto. Todo esto nos hace experimentar la pérdida de una manera tan profunda que repercute significativamente en nuestra estabilidad física, mental y emocional.

No solo se pierde un hijo por su fallecimiento, se pierde también porque crece y se va del núcleo familiar. Ya su vida no nos pertenece, es responsable de sí mismo y tiene que hacerse cargo de su propio camino. Eso deja un vacío en la vida de los padres, porque llenamos gran parte de nuestra existencia con la atención de los hijos y cuando se van nos quedamos con un vacío muy grande.

He escuchado de muchos casos donde la separación del hijo provoca la disolución del matrimonio. ¿Por qué? Porque a veces son los hijos quienes sostienen una relación debilitada. Por eso, cuando el hijo falta, ya no existe un motivo para continuar viviendo juntos y enseguida se detonan los problemas de una relación que se mantenía gracias a un ente externo.

Pero también podría ser una gran oportunidad de cambio para la pareja desde el punto de vista positivo, si tienen la capacidad de ver esa ausencia como una posibilidad para recomenzar, retomar la relación y ver qué se puede hacer para conquistar juntos nuevos horizontes.

EMIGRAR ES TAMBIÉN UN GRAN DUELO

Otro motivo de duelo importante que suele pasar desapercibido, es el hecho de emigrar, algo que es muy común en los países latinoamericanos, y esto se debe a que somos pueblos marcados por la necesidad y sus habitantes salimos a buscar mejores condiciones para vivir, como seguridad social, mayor calidad de vida, crecimiento profesional y oportunidades.

La mudanza a otro país produce un cambio muy fuerte. Nos separamos de nuestras raíces, es algo que duele y mucho. En mi caso, luego de haber salido de mi país natal en el 2007, llevar más de catorce años residiendo en Estados Unidos y siendo

CAPÍTULO III. EL CAMINO DE LAS PÉRDIDAS

ahora ciudadana americana, ya no siento que soy de allá, pero tampoco completamente de acá.

No tengo a toda mi familia cerca, ni a mi madre a mi lado, ni la gente con quien crecí, ni mis amigos. Tampoco cuento con la posibilidad de ir frecuentemente a mi llano[2], ese lugar donde pasé mi adolescencia y donde guardo mis mejores memorias, ni de visitar las azules playas que tanto me gustan del Parque Nacional Morrocoy o disfrutar de la comida a la que estaba acostumbrada.

Cuando se tiene la oportunidad de volver a tu país de origen y no se encuentra la misma gente que se dejó, se siente el malestar del desarraigo, se vuelve a vivir ese quiebre que generó un gran dolor y que es tan difícil de manejar.

---

2 En el territorio venezolano, los Llanos es una región conformada por los estados Apure, Barinas, Portuguesa, Cojedes y Guárico, así como buena parte de Anzoátegui y Monagas. Se caracteriza por sus extensas y bellísimas sabanas. Su clima es intertropical, el relieve de los Llanos presenta un conjunto de accidentes geográficos como los famosos médanos, las planicies y mesas.

Pero hay que experimentar esa separación, soltar con amor y gratitud lo que dejamos, para vivir el presente con alegría, porque es importante aceptar que ya no se está allí.

Pero hay que experimentar esa separación, soltar con amor y gratitud lo que dejamos, para vivir el presente con alegría, porque es importante aceptar que ya no se está allí. Honrar ese lugar donde crecimos, honrar toda nuestra historia, lo hecho, lo logrado, lo aprendido y, en especial, la persona en la que nos convertimos gracias a haber vivido en ese entorno.

Recientemente, escuché una entrevista en la que le preguntaron a la comediante Joanna Hausmann, qué extrañaba de Venezuela. Su respuesta me conmovió. Ella decía que, a pesar de tener toda la vida en Estados Unidos, sigue viviendo un proceso de duelo porque extraña pertenecer a un lugar. Sucede que cuando emigras, aunque te adaptes a ese nuevo lugar, siempre se extraña la casa de los padres. En relación con esto, ella decía que no ha olvidado los grillos que se escuchaban en la noche, los extraña sin importar el tiempo que ha pasado. En mi caso, ese sonido de la infancia que atesoro es el producido por los sapitos cuando llegaba la hora de la noche en la casa de mis abuelos.

Por eso debemos agradecer y honrar todo el camino andado allí, de donde venimos. Honrar nuestras raíces, el ejemplo de nuestros padres y abuelos. Todo lo que hicieron nuestros antepasados cuando en esos tiempos, viajaban de un país a otro y dejaban a sus familias, incluso se mudaban a otro continente, ellos no contaban con las facilidades que tenemos hoy en día. No había video llamadas ni existían las redes sociales. Antes del surgimiento del Internet pasaban meses sin tener noticias de los familiares, todo era a través de cartas.

De alguna manera, nosotros venimos cargando ancestralmente todo ese dolor, toda esa pérdida. Cargamos con el pesar de haber dejado atrás a los seres queridos. Seguramente, muchos murieron sin haber vuelto a ver a sus familiares. Por esta razón, es importante reconocer con alegría que aun en medio de las pérdidas que hemos sufrido, en todos los procesos que estemos viviendo, podemos ver la amplia gama de oportunidades que la vida nos ofrece para continuar con entusiasmo en el lugar donde nos toque estar.

RECONOCER LA PÉRDIDA AYUDA A SANARLA

No nos gusta sentir dolor porque pensamos que no lo vamos a soportar. Hemos sido criados por quienes influyen en nuestras vidas para creer que somos incapaces de tolerar el dolor de una pérdida. Pero el camino del duelo comienza cuando reconocemos que estamos viviendo un proceso de separación o ausencia donde aparecen múltiples emociones y debemos atenderlas conscientemente. Sentirlas y vivirlas justo en el momento cuando se están experimentando, es la mejor manera para liberarlas, sanarlas y transformarlas.

El camino del duelo comienza cuando reconocemos que estamos viviendo un proceso de separación o ausencia.

Tenemos la creencia de que la tristeza es dañina y destructiva; por tanto, evitamos afrontar esa separación y mostrar nuestra vulnerabilidad. Cuando nos mostramos vulnerables y nos permitimos expresar las emociones, estamos dispuestos a vivir el duelo y también a recibir ayuda. Debemos recordar que no somos seres perfectos, ni superhéroes que pueden resolverlo todo solos. Así como tenemos fortalezas, también poseemos algunas debilidades, y los procesos de duelo hacen que esas debilidades afloren, despertando nuestro lado frágil y sensible.

En esos momentos de aflicción, reconocer que "no puedo solo", "no siempre tengo la razón", "no soy tan fuerte como pensaba", "no tengo todo el conocimiento necesario y debo pedir ayuda", es de gran beneficio para el proceso de sanación. Es muy difícil vivir las etapas del dolor de manera sana, si no nos permitimos ser vulnerables. Hemos de reconocer y aceptar que el hecho de ser humanos, de por sí, nos hace vulnerables.

CAPÍTULO III. EL CAMINO DE LAS PÉRDIDAS

ATENDER LAS EMOCIONES Y SENTIMIENTOS

Una de las cosas más frecuentes que hacemos los seres humanos durante los procesos de pérdida, es evitar vivir el dolor, cuando deberíamos hacer todo lo contrario. Si nos negamos a sentir las emociones que esos eventos nos provocan, se estancan y se convierten en bombas de tiempo.

Cuando atravesamos una pérdida, sentimos como si nos arrancaran trozos de piel, como si nos robaran el aire. En esos momentos nos toca experimentar el dolor, las emociones. Hay que respirar y sentir lo que nos está pasando.

Por eso es importante identificar y reconocer todos los sentimientos durante los momentos claves de la pérdida. Solo si lo logramos, podremos lidiar sanamente con ellos. No saber cómo manejarlos es la razón por la cual situaciones de duelo pueden desembocar en suicidios, relaciones fallidas, rupturas familiares o divorcios.

Al no vivir los procesos de desprendimiento, desapego y separación, nos quedamos atados a un momento de la vida. Es como pasar la existencia mirando todo el tiempo hacia atrás. Si esto sucede, ¿cómo podemos ver el camino que hay hacia adelante?, ¿cómo dejamos aflorar los sentimientos positivos?, ¿cómo renacen las emociones constructivas? Simplemente nada de esto es posible porque nos quedamos conectados, de forma inconsciente, generalmente, con emociones muy fuertes de dolor, culpa, rabia, resentimiento y frustración que nos mantienen atrapados en un lugar oscuro.

Podemos sentir rabia con nosotros mismos, rabia con la persona que se fue. Pensamos: ¿por qué a mí?, ¿por qué tengo que vivir esto?, ¿qué fue lo que hice mal o no hice?, ¿qué pasó que yo no me di cuenta de lo que estaba sucediendo?, ¿dónde estaba yo que no fui capaz de verlo?, y muchas cosas más que nos hacen entrar en una lucha interna, profunda e indescriptible. Por eso, en la no aceptación de la primera etapa, **en esa negación de lo que está pasando**, también rechazamos nuestras propias emociones.

He sido testigo de gente muy cercana que ha perdido a sus padres, pareja o hermanos por causa del COVID-19, gente que no ha podido ver ni abrazar a sus familiares porque murieron aislados en un hospital. Algunos solo pudieron despedirse vía telefónica. Esta situación generó una gran sensación de frustración, impotencia y rabia difícil de manejar y procesar.

Cada persona ha pasado por procesos diferentes. Una a partir de la muerte de su padre se aferró más a enseriar una nueva relación de pareja y mudarse a otro estado, y aunque esté comenzando de nuevo, lleva con ella su proceso de duelo y tristeza. Por esta razón siempre le recomiendo seguir viviendo su duelo de manera sana para que no sabotee la nueva relación de pareja.

Otras personas están en profunda negación con un dolor muy grande. Tan sensibles, que cuando alguien menciona a sus familiares, lloran sin consuelo. Mientras que otros asumen una posición de control sobre todo lo que pasa, lo que hay que resolver, y, así, se ocupan de otras cosas o negocios, no se permiten vivir las emociones del momento.

En este sentido, vemos que cada persona está sobreviviendo el duelo de manera diferente. Cada cual ha asumido un proceso distinto y emociones diversas, lo que nos demuestra que las etapas del duelo no son un esquema lineal que tiene paso uno, paso dos y paso tres. No son así las etapas.

En los duelos es común vivir una especie de vaivén. Un día nos sentimos tranquilos. Otro día nos creemos culpables; al siguiente, no queremos hablar de eso; después, experimentamos una rabia terrible hacia la vida, hacia Dios o hacia quien murió y le reclamamos "¿cómo me dejaste con todo esto?". Más adelante notamos que empezamos a negociar un poco con nosotros mismos, con la vida y así paso a paso llega el día en que aceptamos que llegó el momento de continuar y volver a comenzar.

También se dan casos como el mío y los de muchas personas, que un duelo viene seguido de otro u otros. Se vive una pérdida que genera un dolor, enseguida llega otro, inmediatamente un tercero y un cuarto. A medida que surgen más pérdidas la persona siente como si una inmensa roca cayera encima de ella aplastándola hasta dejarla sin fuerzas.

La sucesión de duelos que me tocó vivir en el 2013 fue algo muy difícil de sobrellevar. Inició con una separación y una mudanza; luego, con el suicidio de mi exesposo, continuó con el fallecimiento de mi papá, la muerte por cáncer de mi perro labrador y culminó cuando tuve que aceptar renunciar a mi empleo en el programa para familias en el cual trabajaba.

Apenas cuatro meses después del suicidio de Rafa, me tocó acompañar a morir a mi papá. Y aunque la historia con mi papá fue bonita, fue una gran pérdida para mí. Tuve la bendición de asistirlo en su proceso de transición, no hubo llanto porque fue el momento más sagrado y trascendental que he experimentado en mi vida hasta hoy. Siento que mi padre me esperó para despedirnos, fue un maravilloso regalo para ambos. Pude sentir la energía más amorosa y llena de Dios que he tenido en toda mi existencia.

Cuando llegué a su lecho de muerte estábamos todos los hermanos y mi mamá frente a él, nos estábamos despidiendo de un ser grandioso que nos dio mucho más de lo que hubiéramos imaginado, sobre todo buen ejemplo, trabajo en familia y una dedicación incansable para enseñarnos que la perseverancia y la honestidad darían siempre sus mejores frutos.

Después de reconocernos con su mirada lánguida, mis hermanos y mi madre salieron del cuarto hasta quedarnos solamente mi única hermana y yo. Cada una de un lado, pusimos nuestras manos sobre él para ayudarle a armonizar su energía, y mientras mi hermana estaba entregada a él con sus ojos cerrados y con las manos en su cabeza yo le pregunté a mi papá si quería que le cantara, sin alguna respuesta comencé a hacerlo mientras su alma emprendía el viaje hacia la eternidad. En el momento que lo sentí expirar por última vez, sentí una paz muy grande, algo imposible de explicar. No lloré, no sufrí, simplemente me quedé allí acompañándolo en su proceso mientras lo acaricié por un largo rato.

> *En el momento que lo sentí expirar por última vez, sentí una paz muy grande, algo imposible de explicar. No lloré, no sufrí, simplemente me quedé allí acompañándolo.*

Justo quince días después de haber regresado de Venezuela a mi hogar en Phoenix, conseguí que mi perro tenía unas grandes protuberancias en todo su cuerpo, que resultaron ser un cáncer en el sistema linfático. Dos meses después y luego de recibir algunas sesiones de quimioterapia, Koji se fue a hacerles compañía a Rafa y a mi papá. Era un perro muy amoroso y especial, consentido por mis hijos y por mí. De hecho, era como mi tercer hijo y su pérdida la lloré tanto o más que las anteriores.

En días recientes, leí algo que me hizo entender el motivo de haber llorado tanto en ese momento y es que tenía emociones acumuladas de los duelos anteriores. ¿Cómo no iba a llorar?, era natural y necesario haberme desbordado en ese momento.

Después de eso, me aferré a mi trabajo. Pensaba que era lo único que me mantendría a flote. Sin embargo, después de pasar un año entre llantos y varias gripes —lo que me impedía muchas veces cumplir con mis responsabilidades en el trabajo—, llegué a un acuerdo con mis jefes, quienes consideraban que ya no podía seguir laborando, que tenía que tomar tiempo para sanar y procesar tanto dolor. Siendo una mujer objetiva y honesta, comprendí que tenían razón. No podía trabajar en esas condiciones. En ese momento se terminaron de caer todas mis bases y sustento, había perdido mi matrimonio, a mi padre, a mi perro y mi trabajo.

Sé que no he sido la única en vivir eventos dolorosos tan seguidos. ¿Cuántas personas han tenido experiencias similares o más duras aún? Muchas, muchísimas. Por eso, escribo este libro, por todos esos que nunca se atrevieron a contar sus historias y quizás no han sabido pedir la ayuda necesaria para atravesar tan difíciles momentos, mucho menos han podido expresar toda esa ola de emociones que les embarga y que son tan importantes de drenar.

Debemos vivirlas, mostrarlas, encontrar un círculo de apoyo que de verdad nos haga sentir seguros y debemos buscar ayuda especializada, profesionales expertos en duelo, o la ayuda espiritual de personas que hayan vivido procesos parecidos y que, realmente, puedan y sepan acompañar a otros en el transcurso de los días venideros. Para mí, fue clave tener esta asistencia profesional.

Cuando buscamos la ayuda de profesionales que hayan vivido experiencias similares, nos aseguramos de dar con una persona que tenga las herramientas necesarias para acompañarnos desde la empatía y con compasión, que pueda ayudarnos porque tiene la capacidad de entender las diferentes formas como se manifiesta y vive el dolor.

Un profesional que nos ayude a reflexionar sobre ¿qué hacer con lo sucedido?, ¿dónde está la parte más difícil de aceptar?, ¿cuáles herramientas se pueden utilizar conscientemente?, ¿cuáles son nuestras fortalezas mentales, espirituales, físicas y relacionales?, ¿cuáles de esas fortalezas podemos utilizar para continuar viviendo con un propósito, seguir adelante y volver a empezar? Esta ayuda y acompañamiento es vital para el proceso de sanación.

LO QUE VIENE DESPUÉS

Sufrir pérdidas me ha hecho comprender la importancia de dejar una huella positiva en nuestro transitar. Quienes van por la vida dejando estelas de amor, de servicio, siempre aportan un legado importante.

Por ejemplo, mi papá no fue un hombre perfecto, pero honro y agradezco infinitamente su paso por este mundo, no solo porque me dio la vida, sino porque fue un gran ejemplo de resiliencia. Aun cuando quedó huérfano de madre a los catorce años y de padre a los dieciocho, tuvo la fuerza suficiente para levantar, no solo una gran familia, sino una pujante empresa que hoy día da sustento a cientos de familias y comida a todo un país. Su ejemplo y amor por la familia ha sido su gran legado de compromiso y trabajo y eso se lo agradeceré eternamente.

Al final, el cuerpo es solamente un vehículo, la vasija del alma que nunca muere. Dios utiliza nuestro cuerpo y nuestras vidas como un instrumento o un medio para servir. Sin embargo, cuando una persona fallece no desaparece si su recuerdo sigue vivo. Esa persona no muere mientras sus obras permanezcan.

> *Al final, el cuerpo es solamente un vehículo, la vasija del alma que nunca muere.*

Aunque pensemos que perdemos a un ser querido cuando muere, en realidad no es así, creo firmemente en eso. No lo perdemos, simplemente dejamos de disfrutar su presencia física. Eternamente contaremos con su guía espiritual y compañía, y recibiremos señales de que están siempre cerca.

Recibí muchas señales de Rafa los días siguientes a su muerte, apagaba y encendía, tanto los televisores como las luces de la casa. Había estudiado sobre ello en mi preparación como terapeuta holística, también he leído que suele suceder cuando las almas necesitan que sepamos que están ahí. Son almas a las que les cuesta irse. Sucede a menudo, pero aún más cuando las muertes son trágicas. Imagino que al salir del cuerpo e intentar ascender, se dan cuenta de lo que hicieron. Al estar fuera del ego, de la mente, solo en la consciencia no circunscrita se enfrentan al impacto de su última acción en su cuerpo.

Hablar de esto aún es difícil para mí, pero siento que es una responsabilidad comentar sobre el suicidio. Aunque no solo es mi proceso, también es el de toda la familia. Deseo que este libro les ayude a todos a vivir el duelo que quizás todavía no han podido vivir en profundidad.

Cuando se vive un suicidio de cerca cuesta mucho asumirlo. Nos podemos sentir culpables o culpados, juzgados, una y otra vez nos haremos esta pregunta: "¿qué pude haber hecho diferente?". Ocasionalmente, vuelvo a pensar en ello, aunque haya aprendido que el suicidio es una decisión de la persona, tomada desde un lugar en donde nadie puede hacer nada para cambiarla, se haga lo que se haga, se diga lo que se diga.

Esa fue una de las grandes interrogantes que tuve durante los años difíciles. Cómo fue posible que siendo *coach* y habiendo ayudado a cientos de familias (con problemas de suicidio, víctimas de violaciones, problemas de autoestima y más), no haya podido darme cuenta de eso. Evidentemente fue algo que me costó muchos años superar. Mi primera reacción fue esconderme del mundo porque no entendía, ni aceptaba, que no pude ayudar a la persona que tanto quise y vivió conmigo por varios años.

Entonces, ¿qué es lo que viene después? ¿Cómo superar la negación? La manera de superar el proceso de negación es empezar a ver la vida tal como es: una serie de eventos, de situaciones, de circunstancias que no podemos controlar ni cambiar. Entender que la gente puede morir de una enfermedad, un accidente, durmiendo o, simplemente, porque deciden quitarse la vida.

> *La manera de superar el proceso de negación es empezar a ver la vida tal como es: una serie de eventos, de situaciones, de circunstancias que no podemos controlar ni cambiar.*

Confieso que cuando viví tan de cerca el suicidio, me sentí perdida y le pedí a Dios: "Aunque no lo pueda ver en este momento, confío que hay un propósito detrás de todo esto. De alguna manera, todo este dolor ha de servir para algo mayor.

CAPÍTULO III. EL CAMINO DE LAS PÉRDIDAS

Guíame y dame las herramientas para ayudar a otras personas que estén pasando por situaciones parecidas y no puedan reconocer sus emociones; por querer guardar y no expresar lo que les pasa, para, tal vez, no sentirse vulnerables".

Deseo hacer algo con todo el dolor que he atravesado y, por eso, con la ayuda de Dios, he convertido mis pérdidas en ganancias. He aprendido a preguntarme el "para qué" de todo lo que me sucede. Siempre se lo pido al Universo y le ruego a Dios que me convierta en un instrumento de su amor, que me guíe a ofrecer mi ayuda en cualquier lugar donde sea posible. Confío estar en el camino correcto, siempre de su mano y de todos mis ángeles.

Y su guía siempre ha llegado y, en ocasiones, cuando menos lo esperaba. La historia de cómo conocí a quien es hoy mi tercer esposo, es una demostración muy clara de cómo Dios ha obrado en mi vida.

Después de varios años de procesos y terapias para retomar las actividades que me gustaban y darle un nuevo sentido a mi vida, siempre hablaba con Dios y le decía que no necesitaba volver a casarme. Sentía que estaba bien así, que podía seguir sola. Ya, en otro momento después del divorcio, lo había logrado y me sentía bien. Dios decidió otra cosa y sin buscarlo, en un curso de locución que decidí hacer para educar mi voz y grabar meditaciones y *podcasts*, apareció José Eduardo. Él ha sido un gran apoyo, me ha dado fuerza, contención, amor y compañía, y hemos caminado juntos entre risas y mucho aprendizaje. Es mi amigo, mi nuevo amor, mi compañero, mi apoyo técnico y mucho más.

Cuando reflexiono al respecto, veo tantas ganancias y entiendo que lo que perdí por una parte, lo gané por otra. Tal vez uno de los secretos es haber continuado viviendo y llenar mi existencia con momentos de felicidad, porque creo con firmeza que vinimos a este mundo a ser felices. Y aunque acepto que las pérdidas, el dolor y el llanto, son parte de la vida, y no los podemos evitar, eso no significa que no podamos ser felices.

La felicidad no es una línea recta, no es un camino continuo. La felicidad son momentos que debemos valorar, disfrutar, vivir, saborear.

Las pérdidas y el dolor negativo que producen, no pueden impedirnos vivir a plenitud la abundancia, las relaciones, los amigos y disfrutar de todo lo que llega a la vida, por ello es vital soltar con amor y sentir con alegría.

HERRAMIENTAS PARA APRENDER A SOLTAR

Cierro este capítulo con una intención principal y es que debemos aprender a vivir las pérdidas y a sentir las emociones que están ligadas a ellas, para poder ver, realmente, la ganancia tras el duelo. Por eso, desde lo que ha sido mi experiencia, me gustaría plantear algunas herramientas que pueden ayudarnos a sobrellevar tan dolorosos procesos.

Lo primero y más importante es **aceptar**. Aceptar y reconocer los momentos en que estamos viviendo una pérdida; esos momentos en los que nos sentimos ahogados, vulnerables e incapaces.

Lo segundo es **saber pedir ayuda profesional**. Comprobé que necesitamos acompañamiento cuando pasamos por momentos de transición profunda por causa de cualquier tipo de pérdida. Requerimos el apoyo de un grupo, un equipo o una persona que nos ofrezca contención emocional. Se trata de no estar solos, de contar con alguien que nos escuche y acompañe.

Vivir un duelo es también **conectar con las memorias** de lo que significó eso que perdimos, un trabajo, un país, una persona, **y guardar lo bonito**. Es necesario quedarnos con lo bueno y rescatar lo positivo. Se puede conservar un recuerdo, algo que sirva para tenerlos en la memoria. Tengo un lugar especial donde tengo fotos de mi gente amada que ya no está, siempre les coloco flores frescas. A veces me río y hasta bromeo con mi papá porque no le gustaban las flores, decía que eso era para los muertos, y yo pienso: "Papá, creo que tuviste que hacer las paces con las flores porque te las voy a poner siempre. Así que espero te gusten".

De modo que, en lugar de negar, debemos **darle significado a todo**, a cada cosa o persona que llega a nuestra vida durante o después de una pérdida porque cada cosa que recibimos tiene su significado, su propósito.

Recomiendo que **hablemos con otros sobre nuestras vivencias**. Es algo muy sano comentar y conversar lo que hemos vivido con otras personas. Bien sea si se pasó por una enfermedad, si los hijos se fueron de la casa o si hubo una mudanza a otro país.

Hablar sobre eso trae recuerdos, trae a la memoria lo bonito y las cosas que nos conectan se quedan sembradas en nosotros. Esas conexiones de amor que nunca desaparecen, porque las cosas que nos gustaron y amamos crean una unión que permanecerá de por vida.

Mi experiencia en el programa *American Dream Academy* de la Universidad Estatal de Arizona es una conexión y vivencia que nunca olvidaré. Me dio herramientas valiosísimas. Me acercó a la familia y a mis raíces, porque allí hice lo que aprendí con mi abuela desde muy pequeña: servir al prójimo. A pesar de haber tenido que renunciar, luego de las tres muertes que sucedieron en el 2013, amo esa experiencia, porque en lugar de enfocarme en la pérdida, me enfoqué en la ganancia que me dejó ser parte y líder de ese gran equipo de profesionales.

CAPÍTULO III. EL CAMINO DE LAS PÉRDIDAS

Los recuerdos van a **mantener encendido el amor**, por esa persona, país, institución o situación, siempre desde el agradecimiento. Esta es la última herramienta que les propongo y que, definitivamente, es la base para mantener activa la memoria y honrar lo vivido.

> *Los recuerdos van a mantener encendido el amor, por esa persona, país, institución o situación, siempre desde el agradecimiento.*

Mantener esa conexión nos recuerda que tenemos esencia y nos impulsa a continuar, porque ese amor nos sostiene. Es un lazo que nunca se rompe, el vínculo y la energía prevalecen para siempre y desde allí podemos mantener vivo el amor.

Utilizando estas herramientas podemos asumir los duelos desde otra perspectiva, con esperanza y humanidad. Porque sabremos que *la pérdida no es el final*. Todo lo pasado nos ayuda a transitar este camino con mayor empatía y compasión por nosotros mismos y por los demás.

¡Si Dios nos permite tener experiencias siempre será para algo, porque todas tienen un gran propósito!

11 COSAS QUE APRENDÍ SOBRE EL DUELO QUE QUIERO COMPARTIR CONTIGO

1. El duelo es extremadamente poderoso. Nos puede agarrar desprevenidos, sacarnos de balance y estremecernos desde el centro de nuestra alma.

2. Puede ser terriblemente doloroso tanto física, social, emocional como espiritualmente, y puede cambiar nuestra vida por completo.

3. Sirve para recordarnos lo frágil que es la vida y cuán vulnerables somos ante la pérdida.

4. Cuando estamos en duelo podemos sentir que todo pierde sentido y perdemos toda esperanza en el futuro.

5. Nuestros patrones de progreso a través del duelo son impredecibles y no tienen un tiempo específico de finalizar.

6. Cuando entendemos lo que nos sucede y conocemos las etapas del proceso, tendremos una idea sobre qué esperar, así que podremos tomar el control y cuidar mejor de nosotros para recomenzar de nuevo el camino.

7. No es bueno comparar nuestro dolor con el de nadie más, porque para nosotros es lo peor que le puede pasar

a cualquiera. Hay que reconocer que nuestra pérdida merece un proceso de duelo y hay que darle lugar.

8. Es importante que busquemos una persona que nos acompañe y nos escuche sin juicios, que pueda reconocer abiertamente nuestros sentimientos y experiencias.

9. Cada persona vive el duelo de manera diferente de acuerdo a su edad, su personalidad, su género, cultura y sistemas de valores. Difiere entre los miembros de una misma familia y es directamente proporcional al apego y relación que tenía cada uno con el fallecido o la situación en cuestión.

10. El duelo puede durar toda la vida, lo que cambia es la intensidad, el dolor disminuye mucho con el tiempo, pero nunca se va completamente.

11. La muerte termina con la vida, pero nunca con la relación y la conexión. Es posible hablar con el ser querido o sentirnos protegidos por él, verlo en sueños y sentirlo cerca. Tenemos el derecho de recordarlo e incluirlo en nuestra vida diaria y familiar a través de los recuerdos. He comprobado que el amor nunca termina.

CAPÍTULO IV

Todo tiene un propósito

> *No hay accidentes. Solo hay un propósito*
> *que aún no hemos entendido.*
> Deepak Chopra

VENIMOS AL MUNDO A CUMPLIR UNA META

El propósito forma parte del proceso de aprendizaje y evolución de nuestra alma, le da sentido a nuestra vida en el cuerpo físico. Encarnamos para cumplir una tarea muy específica, cada una de nuestras experiencias desde que nacemos y, a lo largo de nuestras vidas, nos van mostrando el camino que vinimos a recorrer y que está relacionado con esa misión que nuestra alma eligió antes de encarnar.

Estamos aquí para descubrir quiénes somos realmente e identificar ese talento inigualable que expresamos de una manera tan original que nadie podría hacerlo igual que nosotros. Esto es lo que nos hace únicos e irrepetibles.

Desde muy pequeña aprendí que el servicio y la compasión hacia los demás serían parte de mi propósito. Tuve el privilegio de gozar de unos abuelos maternos que me enseñaron con su ejemplo estas dos grandes virtudes. Pero antes de adentrarme a hablar sobre el propósito, permíteme compartirte el significado que tiene para mí, luego de haber integrado mis experiencias con el conocimiento sobre el tema que poseen diversos autores que he leído.

> *El propósito tiene que ver con combinar ese talento único que poseemos con el servicio a la humanidad; además, sentir plenitud y gozo al hacerlo.*

Tengo claro que el propósito tiene que ver con combinar ese talento único que poseemos con el servicio a la humanidad; además, sentir plenitud y gozo al hacerlo. Creo que Dios, la energía divina, el Universo, como quiera que le llames, nos envía a este mundo con un pequeño cofre de oro que trae dentro ese don tan valioso, el cual debemos cuidar con mucho esmero y utilizarlo con gran amor para servir a los demás. Pero, también, cada uno de nosotros tendrá sus necesidades individuales, y cuando unimos ese talento con las necesidades, obtendremos el beneficio de acceder a la abundancia ilimitada.

Nuestra primera misión es descubrir cuál es ese don maravilloso que tenemos, pero que no siempre podemos reconocer. Esa revelación se logra a través de la observación personal y, también, de nuestras relaciones. En esto, la familia tiene un papel primordial. El núcleo familiar es el terreno ideal donde ese don se debe reconocer y desarrollar para cultivar los talentos. El respaldo y acompañamiento de los padres, los abuelos y las personas mayores encargadas del cuidado de los niños, es de suma importancia para animarles en esa dirección.

Al enseñarles a nuestros pequeños la existencia de una chispa divina en cada uno de ellos, que se expresa de una manera única desde su esencia, seremos testigos del efecto asombroso que esto tendrá en sus vidas.

Gracias a esa llama que arde en nuestro corazón desde muy temprana edad sabemos lo que venimos a hacer en este mundo. Yo lo intuí desde pequeña y desde mi SER sabía que mi voz era un gran regalo. Por esa razón, siempre decía que quería ser cantante. Quizás era la relación entre mi voz y la sensibilidad existente en mí para conectar con la gente.

Cuando nosotros estamos haciendo algo que nos gusta y está alineado con los deseos de nuestra alma, sentimos pasión, gozo, plenitud y una energía vibrante. Esos son momentos en los que vivimos nuestro propósito, también cuando reconocemos que toda la sucesión de eventos que nos toca experimentar, sean alegres o tristes, tienen un significado y, al conectarlos con nuestros talentos, logramos trascenderlos hacia un bien mayor.

Mi voz es el don que recibí al nacer, aunque en algunos momentos la critiqué porque sentía que era fuerte e imponente, me dediqué a educarla y valorarla. He transformado con perseverancia y dedicación este don en un talento bien moldeado, convirtiéndolo en una herramienta de conexión y sanación al servicio de otros. De esta manera, lo que he recibido como obsequio para mi vida lo he compartido con amor y entrega, así formo parte de la abundancia infinita del Universo.

La abundancia no es solamente dinero o cosas materiales, incluye gente querida disfrutando a tu lado y salud para compartir con ellos, lugares hermosos donde puedas estar y se te facilite llegar. Claro, también podría mostrarse en más oportunidades para seguir compartiendo tus capacidades e inspiración, desarrollar tus talentos y ser retribuido por ellos.

¿CÓMO DESCUBRIR EL PROPÓSITO DE MI ALMA?

Encontrar tu propósito es algo que requiere mucha introspección y tomar tiempo para profundizar sobre tu vida y los eventos que han tocado tu alma. Quizás no sea algo que descubrirás de la noche a la mañana, pero mirando hacia tu interior lo puedes lograr. Es importante que te preguntes qué te motiva y qué actividades o situaciones representan para ti un estado de bienestar y plenitud.

Muchas personas tienen que pasar por una crisis, una pérdida o un evento que los haga cambiar su rumbo para darse cuenta de cuál es su propósito. Nuestras almas escogen la familia a la que pertenecerán y este será el mejor medio ambiente donde se cumplirán todas las condiciones para que desarrollemos nuestra mejor versión. De esta forma nos acercamos al cumplimiento de eso tan especial que vinimos a realizar.

CAPÍTULO IV. TODO TIENE UN PROPÓSITO

Crecí muy cerca de mis abuelos maternos; ellos fueron de gran relevancia para mi crianza y un gran ejemplo a seguir. Vivieron el enorme reto de tener un hijo con severos problemas de retraso mental y repetidos ataques de epilepsia. Vi en ambos, el valor que le daban a la educación y a la atención de la familia en todos los aspectos. Su disposición a servir a otros era algo muy natural en ellos.

Mis abuelos ayudaban a cientos de padres de familia a entender la importancia de educar y cuidar a sus hijos. Lo hicieron creando dos instituciones sin fines de lucro que asistían a personas de escasos recursos económicos, quienes necesitaban darles formación y atención adecuada a sus niños con necesidades especiales. Se dedicaron a buscar una manera en la que los padres recibieran apoyo para brindar asistencia de valor a sus hijos.

Qué bendición contar con este ejemplo y tener vivo en mi corazón el recuerdo que siempre me lleva a plantearme: ¿qué voy a hacer hoy para hacer la diferencia en la vida de alguien?

¿qué voy a hacer hoy para hacer la diferencia en la vida de alguien?

Quizás no tengas un núcleo familiar saludable y estable que sea el mejor modelo y te brinde ese apoyo del cual puedas obtener referencia. Sin embargo, te invito a que no lo veas como un obstáculo; al contrario, puedes verlo como una gran oportunidad de descubrir aquello que tu alma anda buscando. Sobre esto profundizaremos en este mismo capítulo.

Estoy convencida de que el propósito del alma es la autorrealización, ensayar la vida en las diferentes etapas y formas que surgen en el camino para que podamos descubrir nuestra verdadera naturaleza espiritual y alcancemos un estado de bienestar supremo. Para que esta evolución suceda, el alma elige la vida, el cuerpo y el sistema familiar más adecuados para experimentar y desarrollarse.

Eckhart Tolle en su libro *Una nueva tierra* nos dice que el ser humano tiene dos propósitos: uno externo y otro interno. Por esta razón, debemos incluir nuestras decisiones de vida con el camino del alma, así podemos alinear nuestro propósito de vida con el propósito de nuestra alma.

PROPÓSITO EXTERNO E INTERNO

El propósito externo es aquel que organiza nuestras actividades diarias para lograr un deseo que, en su mayoría, son aspiraciones impulsadas por el ego. Te pongo un ejemplo: "quiero ser médico cuando sea grande", "sueño con ser un tenista famoso que esté entre los diez primeros del *ranking* mundial". Lograr estos objetivos nos da un propósito externo, pero no nos dará la felicidad y el gozo del SER, sino que será una felicidad temporal.

CAPÍTULO IV. TODO TIENE UN PROPÓSITO

¿Por qué pasa esto? Porque la felicidad por ese logro dura poco y vamos a tener que crearnos otro propósito inmediatamente, porque de lo contrario, podríamos sentirnos incompletos o como seres sin un sentido por el cual luchar o un objetivo para alcanzar. Basamos entonces nuestra felicidad en cosas externas y cuando logremos eso que nos proponemos esa satisfacción será efímera porque depende de algo exterior.

Nuestros sistemas de educación y la sociedad, en general, se enfocan en ayudarnos a conseguir este tipo de objetivos. Como padres también inducimos a nuestros hijos a que logren estos propósitos externos, animándolos a estudiar y a dedicarse a profesiones que les aporten beneficios económicos.

Pero cuando hablamos del propósito interno nos referimos a lo que nuestro espíritu quiere hacer para su beneficio eterno. No está ligado a un impulso del ego, sino a la motivación del alma para lograr lo que tanto añora, lo que planeó para evolucionar y crecer antes de encarnar. Por eso cuando algo que hacemos nos hace vibrar, lo practicamos con pasión y entusiasmo; de este modo, lo hacemos desde nuestro ser interior.

Para vivir el propósito interno de vida, el alma se puede plantear aprender sobre valores o virtudes, quizá planee saber comunicar sus emociones o ser más compasiva, quizá elija aprender a perdonar o escoja el camino de dejarse amar incondicionalmente. Y para experimentar algunos de estos planes diseña un escenario donde vivirá situaciones de retos y se rodeará de las personas perfectas que requiere para ensayar este aprendizaje.

> *Nacemos con un propósito bien definido por el alma y traemos también el plan de cómo lograrlo.*

Por tanto, nacemos con un propósito bien definido por el alma y traemos también el plan de cómo lograrlo. Al momento de nacer y encarnar este plan se nos olvida. Perdemos la noción de que somos un ser espiritual utilizando un cuerpo físico con el objetivo de evolucionar. Ese espíritu quiere aprender algo que quiere llevarse a la eternidad en sus aprendizajes, en sus memorias del alma.

Y así vamos por la vida sin recordar cuál es el deseo de nuestra alma. Caminamos enfocados en proyectos externos muy grandes que seguramente lograremos, pero que, al poco tiempo, sentiremos que no nos dan felicidad. Es en ese momento cuando empezamos a buscar en nuestro interior algo más profundo, eso que vinimos a cumplir en esta existencia y lo hemos olvidado.

CAPÍTULO IV. TODO TIENE UN PROPÓSITO

RECONOCE TU PROPÓSITO INTERNO Y VIVE LA MAGIA

Cuando vives de acuerdo a tu propósito te sientes alegre, satisfecho y tu vida fluye sin mayor contratiempo. Esto significa que has conseguido la clave: alinear el propósito de tu vida con el propósito de tu alma. Hay un encuentro entre las actividades terrenales y ese camino que el alma escoge, al coincidir pueden evolucionar simultáneamente, lo que te hará sentir en armonía y plenitud.

Desde muy joven he percibido el propósito de mi alma gracias a mi deseo de aprender cómo ayudar a otros a través de mis talentos, sirviéndoles de compañera para descubrir el llamado de su voz interior. A partir de allí mi propósito externo ha ido alineándose totalmente con mi propósito interno, surgiendo un entusiasmo y felicidad plena en mi vida.

Muchas personas vienen a mis formaciones o sesiones individuales sintiendo que el propósito externo ya no les motiva, no les da la felicidad y toman consciencia de que ya no es lo más importante en sus vidas, pero no saben cómo encontrar su propósito interno, que es el que les dejará los aprendizajes que realmente han diseñado para el crecimiento de su alma.

Pero cada persona despierta cuando es su momento indicado. Siempre a su ritmo y a su tiempo. Eso está bien. No se puede empujar a nadie a descubrir algo por lo que aún no siente inquietud. Quizá en el futuro puedan escucharme y consideren la necesidad de conocerlo, esto quiere decir que están ya en el proceso de su despertar espiritual, ¡les llegó su hora! Saber que puedo ayudarles a conocer ese propósito me satisface enormemente, así que estoy en el camino.

CINCO PREGUNTAS PARA DESCUBRIR TU PROPÓSITO

Si estás interesado en encontrar tu propósito, te invito a que respondas estas cinco preguntas. Te propongo que tomes un papel y un lápiz, y escribas todas las respuestas que vengan a tu mente. Toma tiempo suficiente para responder cada una de ellas. Anota lo que pienses, no importa si te parece una locura.

¿Qué harías en tu vida diaria si tuvieras todo el dinero del mundo?

CAPÍTULO IV. TODO TIENE UN PROPÓSITO

¿Cuál es esa actividad que cuando la realizas, sientes una gran pasión y alegría?

_____

_____

_____

_____

¿Qué es eso que te gusta hacer y que el tiempo se te pasa volando mientras lo haces?

_____

_____

_____

_____

¿Qué es eso que harías aunque no te paguen nada por ello?

_____

_____

_____

_____

_____

Si te dijeran que te quedan pocos días de vida, ¿qué sería lo primero que harías antes de morir?

_____

_____

_____

_____

_____

OTRAS HERRAMIENTAS PARA DESCUBRIRLO

Siento que la búsqueda del propósito, a veces, puede ser un poco paradójica. Aunque hay gente que viene con un don especial y sabe a qué viene, a muchas otras personas les cuesta mucho dar con ese propósito. Si sientes ese vacío dentro de ti te ofrezco algunas herramientas adicionales para descubrir con mayor facilidad la búsqueda de tu alma.

UTILIZA LA OBSERVACIÓN

Creo firmemente en la importancia de mirar con atención las cosas que al hacerlas nos permiten sentirnos satisfechos y plenos. Las personas, generalmente, andan buscando afuera lo que les hace felices y está comprobado que lo que más llena el alma son esos pequeños detalles que nos hacen sentir muy bien y la mayoría de las veces no están relacionados a nada externo ni material.

Cuando mi hija, Silvia, tenía aproximadamente cinco años jugaba a ordenar su cuarto, cambiaba todos los muebles y los juguetes de lugar, lo ponía todo en orden nuevamente. Desde muy pequeña tiene ese don maravilloso de ordenar espacios, igual era con sus tareas y sus actividades del colegio, muy organizada. Disfrutaba cuando lo hacía. Se le veía en su carita una gran satisfacción y alegría, a veces pasaba todo un domingo "jugando" a organizar. Ha desarrollado tanto ese don que con el tiempo se ha convertido en una gran virtud que es su mayor activo en las actividades que desempeña en su trabajo y le han dado un gran beneficio no solo en su vida profesional sino en su vida personal.

Así es como se descubre el propósito, cuando notas que puedes pasarte el día completo sumergido en una actividad sin darte cuenta del reloj; además, te sientes feliz y realizado.

APRENDE A AMARTE Y A BUSCAR DENTRO DE TI

Quienes no consiguen su propósito, simplemente no se han dedicado a vivir su propia vida, sino que se han entregado a vivir la vida que otros han planeado para ellos. Cuando aprendes a buscar dentro de ti, a detectar qué es eso que te encanta, disfrutas y te hace vibrar, entonces descubres la pasión de tu vida. Cuando unes eso que te fascina con el servicio a los demás, se convierte en tu dharma.

Cuando unes eso que te fascina con el servicio a los demás, se convierte en tu dharma.

CAPÍTULO IV. TODO TIENE UN PROPÓSITO

CONECTA CON TU ESENCIA

Quien no consigue su propósito, por lo general no está conectado consigo mismo, con su naturaleza, con sus talentos, no ha descubierto sus dones. No sabe realmente qué es lo que le gusta porque no dedica tiempo a escucharse a sí mismo.

Los dones son innatos y los talentos comienzan a aparecer desde que somos muy pequeños. Por eso, cuando la gente adulta me dice que no los conoce, les sugiero volver a la época de su niñez. Para volver a esa edad temprana recomiendo hacer meditaciones con nuestro niño interior. Conectar con esa memoria subconsciente que guarda lo que nos gustaba hacer cuando éramos pequeños, redescubrir lo que más disfrutábamos, lo que soñábamos ser cuando fuéramos grandes; esas cosas que nos divertían y en las que se nos iba el tiempo sin darnos cuenta de ello.

IDENTIFICA QUIÉN ERES

Te has preguntado alguna vez ¿quién soy? Es una de las preguntas que más les cuesta responder a mis clientes. He comprobado que pueden decir veinte cualidades de otra persona, pero quizás no pueden decir ni siquiera cinco suyas. Nos cuesta mucho reconocer nuestras cualidades, valores y talentos. Por eso, recomiendo identificar tus cualidades, tus dones, ya que de esta manera llegarás a conocerte. Todas esas características se desarrollan en ti para que cumplas tu propósito específico. Aunque elijas no cumplirlo, esas cualidades están dentro de ti.

Si quieres saber quién eres, si estás tratando de responder esa pregunta o si, simplemente, quieres evaluar cómo estás en este momento, te planteo el siguiente ejercicio:

A continuación, te invito a hacer una lista de los aspectos que **no te gustan de ti:**

>¿Cuántas características escribiste?
>¿Fue sencillo o fue difícil?
>Ahora, en el siguiente espacio anota todas las cualidades que te gustan de ti.
>¿Cuántas cosas escribiste?
>¿Cuál de las dos listas te resultó más fácil escribir?

De acuerdo a nuestro grado de autoconocimiento, hacer estas listas puede ser más o menos difícil, sobre todo si es la primera vez que lo hacemos. El objetivo es hacer una larga lista de nuestras capacidades, las características positivas o que más nos gusten de nosotros mismos.

Te recomiendo hacer este ejercicio todos los días. Dedícale varios minutos diariamente. Para inspirarte, comparto un ejemplo:

¿Quién soy?

Soy una mujer valiente… Soy una mujer amorosa… Soy una mujer atrevida… Soy una mujer responsable… Soy una mujer servicial...

A veces nos resulta más fácil decir lo malo, lo que no nos gusta. La finalidad del ejercicio es aprender a reconocer nuestras cosas buenas. Así que te invito a decir tres cosas bonitas de ti, por lo menos tres, todos los días, para que puedas desarrollar el amor propio y aumentar tu autoestima.

LA VULNERABILIDAD ANTE LA PÉRDIDA

Cuando perdemos algo importante en nuestra vida nos convertimos en seres muy vulnerables y cuando estamos en este estado podemos extraviarnos de nuestro sentido de vida, incluso quebrantar la conexión con el propósito, porque tras una pérdida sentimos que el mundo se nos está acabando.

Una pérdida te hace sentir inseguro porque algo se rompe, se termina. Cuando somos vulnerables conectamos con la parte más sensible y profunda del ser. Mucha gente se queda sumergida en sus pensamientos limitantes y hasta puede volverse loca. Por eso hay tantas personas que se suicidan porque no logran conectar con la vulnerabilidad, sino que se enfocan mentalmente solo en hacer y seguir adelante, no se relacionan con su sentir.

He aprendido que es muy importante conectar con el sentir, permitirnos ser vulnerables y reconocer que hay momentos en los que no podemos, no somos capaces. No por no tener talentos o herramientas suficientes, sino por estar pasando por un momento de indefensión, dolor o sufrimiento. Esas situaciones de pérdida nos llevan a estar abiertos a recibir la ayuda de otros y aprender a pedirla.

En las oportunidades en que he vivido grandes pérdidas, he recibido el apoyo y el servicio de otros. En esas ocasiones de profunda tristeza me he dado cuenta de que al ser asistida por seres maravillosos, con sus dones y talentos, he podido superar mis momentos adversos con más facilidad y menos dolor.

Cuando superas una pérdida, tus piezas vuelven a estar unidas, pero ya no eres la misma persona. Te conviertes en otra versión de ti, porque recibiste ayuda y estuviste dispuesto a dejarte servir. De esa manera, tu misión o propósito alcanzan mucho más allá. Entiendes que desde ese caos, desde ese proceso tan profundo de transformación, se produjo un crecimiento, una evolución. Puede ser que a partir de ese momento tu propósito sea compartir lo que aprendiste debido al caos, que te hizo volver a ti, aunque ahora seas diferente.

CAPÍTULO IV. TODO TIENE UN PROPÓSITO

Cuando superas una pérdida, tus piezas vuelven a estar unidas, pero ya no eres la misma persona.

Así entendemos que el propósito va unido a lo universal, a lo colectivo. Al permitirnos recibir ayuda, le damos más valor al servicio de los demás. Por eso, cuando regresamos a brindar nuestro servicio lo hacemos con mayor consciencia, con un valor agregado, más conectados con nosotros mismos y con los otros.

Me costó mucho aprender a recibir porque, como me dice una amiga: "Tú eres una dadora, lo llevas en tus venas; eso es algo que no vas a dejar de ser nunca". Y tiene razón, yo siempre he dado muchísimo, pero tuve que aprender a recibir, tuve que aprender a pedir porque no sabía hacerlo. Tenemos que entender que cuando estamos pasando por momentos de dolor y transformación muy profundos, debemos permitirnos ser vulnerables y pedir asistencia. Lo aprendí porque viví la noche oscura del alma.

Un año después del suicidio de mi exesposo, estando sola en casa y sin poder dormir, a las dos de la madrugada, recuerdo que empecé a pensar: ¿qué sentido tiene que siga sufriendo como lo estoy haciendo?, ¿para qué voy a vivir así?, ¿qué razón tiene estar con la gente si ya no sirvo para nada?

Llegué a sentirme así porque estaba acostumbrada a servir a las personas, a compartir mi sonrisa, mi pasión, mi buen humor, mi sabiduría, mi alegría, mis experiencias. Esa ha sido siempre mi condición: ¡dar! Por eso, cuando vi que no tenía fuerzas para darle nada a nadie, advertí que mi vida no tenía sentido.

Y desde ese sufrimiento, aunque no llegué a pensar en suicidarme, dije en voz baja, casi en oración: Diosito, ¿para qué me tienes aquí? Si yo me voy ahorita, todo está bien, no pasa nada. A mí nadie me va a extrañar, la vida va a continuar.

Me parece increíble, pero como mis hijos ya estaban grandes pensé que ya les había dado todo lo que les tenía que dar: educación, buen ejemplo y mucho amor. Pero al darme cuenta de que estaba pensando de esa manera, comprendí que, aunque no estaba decidiendo quitarme la vida, tampoco quería tomarla y eso no era para nada alentador. Estaba casi entregándome.

En ese momento supe que debía pedir ayuda porque desde mi consciencia sabía que estaba pasando por un momento muy oscuro. A esa hora, llamé por teléfono a Olivia, y le dije: "Necesito que vengas. No me siento bien". Ella siempre me decía que si en algún momento la necesitaba, la llamara sin importar la hora. Recuerdo cuando llegó… me abrazó y no me soltó en horas. Lo único que hizo fue rezar, hablar con Dios mientras me abrazaba con una contención profunda, amorosa e inigualable.

A partir de ese día aprendí y decidí que nunca más en mi vida me iba a quedar sin pedir lo que necesitara. Nunca más. También comprendí lo peligroso que era entregarle mi vida a una energía tan oscura, la de una mente turbia y triste.

Cuando me hice consciente de eso supe que lo único que me iba a mantener bien era la certeza del amor de Dios. En ese momento, a través de mi amiga, comprendí lo que es el valor de ser vulnerable y el significado de saber pedir apoyo en el momento preciso. Creo que esas son cosas superimportantes para cumplir un propósito; por eso tenemos que aprender a saber cuáles son los momentos en los que no podemos más para, inmediatamente, pedir ayuda.

A veces, cuando decimos "yo puedo solo" no lo hacemos por ego, sino por arrogancia, pero puede ser algo no consciente. Quizá es producto de haber pasado por muchas experiencias negativas. Sin embargo, la vida misma me ha enseñado a solicitar ayuda, no importa si en algún momento mi voz no fue escuchada.

Para encontrar tu propósito tienes que aprender a ser vulnerable. No todo lo que vivimos es bonito. El encuentro con ese propósito también puede suceder a partir de factores que algunos llamarán tragedias, pero son esos eventos los que traen ganancias, de las cuales vamos a seguir hablando en este libro.

Lo que a veces vemos como desdicha, puede ser una gran parte del propósito. Son regalos de la vida.

Para encontrar tu propósito tienes que aprender a ser vulnerable.

¡Qué maravilloso proceso de sanación! Espero que al compartirlo pueda ayudar a muchos otros. Cada vez que escribo sobre mi historia se mueven las fibras más profundas de mi ser. Me conmuevo porque he pasado por momentos fuertes, pero al pensar, hablar o escribir sobre ellos, solo agradezco lo vivido. Le agradezco a Dios infinitamente porque no me queda duda de que estoy viviendo de acuerdo con un plan mayor, su plan divino.

Al mismo tiempo que escribo este libro, estoy facilitando un programa para fortalecer el amor propio que acompaño con diez meditaciones guiadas. De esta manera, reconozco que estoy al servicio de algo más grande y confío en que siempre conseguiré la manera de cómo continuar y recibiré todo lo que necesite para seguir con ese gran propósito que elegí para mi alma. Es algo que va más allá, superior a mí, no es para satisfacer el ego. Así que sigo adelante, confío, suelto y me dedico a disfrutar de vivir mi propósito.

Lo que a veces vemos como desdicha, puede ser una gran parte del propósito. Son regalos de la vida.

CAPÍTULO V

Soltar: todo es como tiene que ser

Cuando transformas todo tu sueño, la magia aparece en tu vida. Lo que necesitas te llega con gran facilidad porque el espíritu se mueve libremente en ti. Esta es la maestría del intento, del espíritu, del amor, de la gratitud y de la vida.
Miguel Ruiz

DOLOR VS. SUFRIMIENTO

Cuando experimentamos pérdidas transitamos por diversos momentos en que el alma evoluciona y de alguna manera cumple su propósito. Aunque en el momento no lo entendamos, detrás de cada vivencia hay una gran oportunidad para aprender y crecer.

Gracias a todos los duelos que he pasado, llegué al convencimiento de que los seres humanos venimos a este mundo a ensayar un tema de evolución en grande, y en mi propia vida siento que he venido a trabajar un plan de desapego muy notorio. Vivirlo no es fácil, es un proceso emocional en el que enfrentas el dolor con todas sus consecuencias; sin embargo, es nuestra elección convertir ese dolor en un sufrimiento que nunca acabe.

Muchas veces utilizamos los dos términos como sinónimos, pero son cosas diferentes. Para que entiendas a profundidad lo que quiero explicarte te comparto cuáles son las diferencias.

El dolor es natural, es parte de la vida y es necesario aceptarlo para habitar este planeta, seguir aprendiendo y arriesgándonos cada día. Puede llegar en cualquier momento, y, muchas veces, se deriva de momentos de apertura al amor; por ejemplo, como cuando nos enamoramos, tenemos hijos, conocemos nuevos amigos. El solo hecho de abrirnos a experimentar la vida con todo lo que ofrece nos hace candidatos al dolor.

Quiere decir que queramos o no, el dolor está presente en nuestra vida y, normalmente, se relaciona con una pérdida, con un duelo. Su duración puede ser corta si nos permitimos soltar el miedo a sentir y hacerlo con profundidad. Claro, a mayor relevancia de la pérdida, mayor será el dolor que sentimos. Aparecerán varias emociones como la tristeza, la rabia, la culpa.

El sufrimiento, en cambio, no es genuino: es una elección. Puede ser una posición existencial, vivir en sufrimiento desde la víctima como una manera de mostrarte ante los demás. Si te descuidas y no te haces consciente de tenerlo, puede que dure toda la vida, aunque la situación que lo provocó haya pasado hace mucho tiempo.

Cuando estamos desde el sufrimiento no solo experimentamos las emociones de rabia, tristeza, decepción, etc., sino que también intervienen nuestros pensamientos que, en muchas ocasiones, pueden llegar a ser perturbadores e irreales. Sufrir es llevar un gran peso a cuestas durante mucho tiempo, sin ni siquiera plantearnos la opción de que esta carga sea más ligera, aun haciéndolo poco a poco.

Cuando estamos sufriendo, evitamos ver el dolor, sentirlo y poder soltarlo. De esa manera instalamos esa forma "incómoda" de vivir como normal en nuestro día a día. He confirmado en mi camino de duelo y también en el de mis clientes, que el sufrimiento tiene mejor acogida en la familia y la sociedad que el dolor y, lamentablemente, la mayoría trata de evitarlo a toda costa.

Desde esta perspectiva, creemos que vivir en el sufrimiento nos traerá beneficios cuando en realidad no es así. Y te preguntarás: ¿cuáles son esos beneficios que obtengo del sufrimiento?

Aunque en este momento de mi vida pienso que ninguno, para algunas personas de manera inconsciente sí hay un "beneficio" oculto. A continuación, te los describo para que puedas identificar si estás frente al sufrimiento.

- Te niegas a vivir el dolor y no te responsabilizas de sentirlo.
- Buscas a alguna persona que sea tu "salvador" y que te saque del sufrimiento.
- Te preguntas constantemente: ¿por qué a mí?
- Actúas desde "pobre de mí" y manipulas a tu entorno.
- Quieres llamar la atención y sentirte querido.
- Prefieres quedarte atrapado en el pasado para no enfrentar el futuro.

El gran daño que nos hace estar en esta posición de sufrimiento es quedarnos en el victimismo y en el resentimiento, en lugar de responsabilizarnos de lo que nos está sucediendo. Este enfoque se puede convertir también en una herramienta de manipulación, porque creemos de forma errónea que sufrir nos concede privilegios ante los demás.

Te recomiendo darle paso al dolor, acéptalo y exprésalo para que puedas atravesar esta etapa del duelo y pasar a la siguiente emoción. Tu sufrimiento es opcional. En vez de sufrir, abraza tu dolor, dale un espacio en tu vida y hazte responsable de él. Para soltarlo necesitas reconocer que estás sufriendo y, de esta manera, podrás abrirte a sentir el dolor y ver el regalo escondido que trae a tu vida.

> *Tu sufrimiento es opcional.*
> *En vez de sufrir, abraza tu dolor,*
> *dale un espacio en tu vida y hazte*
> *responsable de él.*

LA FE AYUDA A ACEPTAR EL DOLOR

Como seres humanos vivimos la religión, los dogmas, la fe y los cultos de maneras diferentes. Hace más de veinte años asumí, conscientemente, que como dijo Pierre Teihard de Chardin: "Soy más que un ser humano viviendo una experiencia espiritual. Soy un ser espiritual viviendo una experiencia humana".

Somos parte de la creación de Dios. Una chispa divina dentro de un cuerpo físico que nos impulsa a vivir una experiencia de transformación, de propósito y de servicio a la humanidad. Cuando logré entender que soy un ser espiritual en un proceso de aprendizaje continuo, empecé a vivir con un nivel más profundo de consciencia.

Creo en Dios, en esa energía de amor universal e incondicional que nos contiene a todos, que representa la sabiduría y el conocimiento más allá de lo que podemos ver. Para mí, la fe está estrechamente relacionada con la manera cómo aceptamos a Dios en nuestro corazón y cómo nos acercamos a Él; por eso, respeto los dogmas y creencias de cada persona.

Cuando logré entender que soy un ser espiritual en un proceso de aprendizaje continuo, empecé a vivir con un nivel más profundo de consciencia.

Como cada quien experimente y sienta a Dios en su corazón es su conexión divina, ese hilo invisible que es real y que nada ni nadie puede cortar. Sea cual sea la forma en que cada uno de nosotros conecta con esa energía sagrada, eso refuerza la fe en algo más grande que uno mismo.

Para mi, tener fe es creer sin cuestionar, es confiar en que siempre hay algo bueno, un regalo detrás de cada experiencia. Vivo según la creencia de que ese algo más allá que es incuestionable, siempre tiene bendiciones que se alinean con el anhelo de mi alma.

Con esta certeza he podido reconocer mis experiencias como grandes herramientas de enseñanza, que me han otorgado el gran regalo de poder sentir la presencia y el amor divinos en cada instante, en cada evento. Al mismo tiempo, me han enseñado a confiar en esa sabiduría divina que me apoya en el cumplimiento del plan que está pautado antes de venir a este mundo.

Cuando aparecen baches en el camino, confío, miro al cielo y le pido a Dios que me ayude a continuar, que permita que ese plan se realice y permanezco en su comando. De esta manera, me desapego del resultado. Suelto y le entrego las riendas a esa fuerza divina para que me muestre el camino por el cual debo continuar.

Dios guía nuestros pasos y mientras más nos entregamos, suceden mejor las cosas, porque estamos confiando en que Él sabe lo que nos conviene. A veces nos cuesta entender que todo pasa como tiene que pasar y tiene un para qué. Desde esta aceptación seremos testigos de cómo las cosas empiezan a cambiar. Cuando sustituimos el "por qué" por el "para qué", todo cobra un sentido diferente.

Cuando logras comprender que cualquier suceso no te pasó a ti, sino que ha ocurrido para ti, para tu crecimiento, puedes comenzar a dejar ir. Al liberarte de ese pensamiento, empiezan a suceder los milagros y notas que llegan los regalos, porque Dios no quiere que sufras. Te ha enviado al mundo para vivir desde el amor y a experimentar con gratitud todo lo que la vida te presente.

Aunque a veces nos sentimos castigados por las cosas que suceden, si confiamos en el plan, podemos continuar viviendo en la certeza de que Dios quiere que seamos felices.

Por eso antes de quejarte y reclamarle a Dios: "¿por qué a mí?", "¿por qué me mandaste esto?", recuerda que existe un plan a cumplir. Así que, pregúntale a Dios: "¿cuál es el plan?, porque no me acuerdo".

Cuando logras comprender que cualquier suceso no te pasó a ti, sino que ha ocurrido para ti, para tu crecimiento, puedes comenzar a dejar ir.

Gente cercana que ha visto la forma cómo he respondido a los eventos difíciles que he enfrentado, se atrevió a decirme que soy "muy práctica". Y no es que me considere práctica; no, lo que sucede es que he entendido el amor infinito que Dios siente por mí. Por eso, en las dificultades siempre me pregunto de qué manera lo que estoy atravesando, contribuye con mi propósito, mi felicidad y, aunque sea difícil verlo en el momento, dejo ir y me entrego.

Todas las dificultades son momentos de profunda reflexión y, como parte del proceso, Dios nos acompaña y ve nuestros esfuerzos, sabiendo que nos tiene preparadas grandes sorpresas, que por estar sumergidos en el sufrimiento no alcanzamos ni siquiera a imaginar.

Un maravilloso ejemplo de estos regalos inesperados lo viví cuatro años después de pasar por las pérdidas consecutivas del 2013, un año difícil pero muy revelador. Celebré mi cumpleaños en Sedona, un lugar mágico en Arizona donde siempre me gustaba meditar e ir a trabajar con mis grupos porque tiene poderosos vórtices energéticos.

Me fui sola a dar gracias por mi vida, a sentir mi conexión con Dios y la naturaleza, a llenarme de la energía de aquel maravilloso lugar. Observaba esas montañas rojas milenarias y el cielo azul con nubes, reconociendo la divinidad en cada cosa magníficamente hermosa.

Presente en la gratitud de ese instante, empecé a hablar con Dios, a decirle que estaba lista para seguir adelante, le daba gracias porque ese día sentí que lo peor ya había pasado, me sentía llena y alegre. En esa conversación tan cercana le expresé que estaba lista para continuar con mi misión de vida, mi convicción de no querer otra pareja porque me sentía agradecida y satisfecha en ese sentido. ¡Y como Dios se ríe cuando estamos haciendo planes, al mes conocí a José Eduardo en un curso de locución que decidí hacer para educar mi voz!

Tengo la certeza de que soltar es volver a vivir, es volver a empezar, enfrentar de nuevo la vida con todos los regalos que nos trae; poder sentir las emociones de las cosas que nos duelen y continuar disfrutando también de lo que nos gusta.

Cuando decidimos vivir la vida como es y enfrentar todo lo que representa, es cuando realmente empezamos a caminar el proceso de la pérdida. Debemos enfrentar lo nuevo y estar dispuestos a perder para ganar.

LA OTRA CARA DE LA PÉRDIDA

Quiero darle una definición diferente a la palabra pérdida porque, para mí, se transformó en un concepto más amplio que admite muchas posibilidades.

Con esto no quiero negar que las pérdidas sean procesos difíciles, tampoco diré que es sencillo vivirlas. No pretendo imaginar que luego de leer este libro estarás completamente transformado y viviendo en constante gratitud. Pero te puedo asegurar que sí es posible dar los primeros pasos para convertirte en una persona consciente, agradecida y evolucionada espiritualmente.

Cuando se experimenta la muerte de uno o varios seres queridos en un mismo año, como fue mi caso y el de muchas otras personas, podemos entrar en un período de cuestionamiento y negación. ¿Qué debemos hacer aquí? No hay un paso a paso absoluto para llegar al entendimiento de que el amor nunca acaba y que nos conecta con esa persona para siempre. Este es un trayecto que hay que recorrer con paciencia y compasión.

No solo nos separarnos físicamente de una persona querida, sino que además enfrentaremos situaciones inesperadas que no sabremos cómo resistir, vacíos en lugares donde esa persona era muy importante.

Debemos tener claro que una familia es un sistema. Por eso, cuando falta alguno de sus miembros, se altera su funcionamiento y se tambalea; esto hace que cueste tanto aceptar la ausencia. En vez de negarla, es necesario aceptar y estar atentos a los cambios que van a surgir en nuestras relaciones familiares.

Nos haremos preguntas como: "¿qué sucedió y por qué?", "¿por qué si era solo un niño?", "¿por qué pasó ese accidente?"

o "¿por qué no se muere un delincuente o una persona que no valora la vida?".

Más allá del dolor debemos entender que nadie se muere en la víspera. Soltar es comenzar a aceptar que, haya sido como haya sido, podemos tener una visión más grande del plan divino. Es una invitación a ver que la muerte de un familiar es un llamado a un encuentro más cercano entre la familia, un llamado a redescubrirnos e identificar cuáles son los valores que nos unen y ocasionan nuestra evolución en conjunto.

LA MUERTE ES PARTE DEL CICLO DE LA VIDA

No nos han enseñado a reconocer que la vida es un proceso de pérdida permanente, tampoco nos educan para entender sus altibajos. Por el contrario, nos incitan a pensar y hablar sobre el nacimiento, lo que comienza, lo positivo, lo que nos alegra, pero en la vida no solo se gana, también se pierde.

Quizá si aprendemos que la vida es un todo que tiene claros y oscuros, ganancias y pérdidas, emociones positivas y negativas; dejaremos de negar la pérdida y la afrontaremos de otra manera.

Lamentablemente no nos gusta la palabra fracaso. Le otorgamos con frecuencia una connotación negativa. Si una pareja se divorcia o se separa, lo consideramos una derrota. En vez de verlo como un intento honesto de abrirnos a otras posibilidades o de pensar que se hizo lo mejor que se pudo, nos entregamos al sufrimiento y lo volvemos infinito. En lugar de pensar que no logramos lo que se quería, lo más sano y recomendable es ver cada etapa de nuestra vida como una práctica de ensayo y error.

La pérdida es parte del proceso de la vida. Y cuando nos hacemos conscientes de ello, podremos estar más preparados, vivir con mayor compasión y entendimiento tanto hacia uno mismo como hacia los demás. Por lo tanto, hay que enfrentar lo que la vida nos muestre con la seguridad de que por más dolorosa que sea una experiencia, siempre trae un aprendizaje.

DESAPEGO

A pesar de lo que se pueda pensar, soltar no se trata de que las cosas no te importen. Desapego es, en realidad, dejar ir con amor y gratitud, sabiendo que la vida continúa sin eso que ya no está. Es aprender a soltar la dependencia, ver todo y vivir desde la gratitud, porque esa conexión con ciertas personas, lugares o situaciones seguirá existiendo.

¿CÓMO LOGRAR VIVIR DESDE EL DESAPEGO?

Se logra, cuando desde el amor que se tiene o se ha tenido por alguien o por algo, podemos alejarnos con gratitud sabiendo que ya cumplió su tiempo, su misión, su etapa en nuestra vida. Indudablemente, nos va a doler. Tal vez va a ser difícil, pero desapegarnos es seguir adelante sabiendo que con el tiempo entenderemos el para qué. Al hablar de amor, me refiero al amor puro y universal, el amor que nos une a todos.

Vinimos a este mundo a caminar, cada uno su propia senda. Aunque por momentos tengamos compañeros, muchos o pocos, al final nos vamos solos, no nos llevamos nada.

El mayor desapego está vinculado con la muerte. Cuando entendemos que esa persona se fue, comprendemos que ya no la podremos ver, abrazar o tocar, pero sí podemos y debemos conservar su recuerdo en el corazón, con gratitud por lo vivido, atesorando las memorias.

UNA GRAN VERDAD

El hecho más seguro que tenemos en la vida es que nacemos y morimos, no sabemos cuándo, pero sucederá. Precisamente, esa incertidumbre es parte de lo interesante de la vida y enfrentar esa gran verdad es quizás algo que a algunas personas les puede costar mucho.

Aceptar esa realidad es la manera de iniciar el proceso de entrega y así superar la negación. Formamos parte de un universo, cuando morimos seguimos siendo parte de la creación, aunque en un plano espiritual. Por esto, para empezar a vivir de verdad y soltar la negación, debemos comprender que realmente nunca morimos, que somos seres espirituales que volvemos a este plano hasta que llega el momento en el que ya no necesitamos regresar, porque ya hemos aprendido todo lo que requería nuestra alma para evolucionar.

La experiencia humana es un proceso maravilloso con diferentes dificultades que nos exigen atravesar por muchas pruebas. En este reto se encuentra el gran valor de haber nacido. Si creemos esto, si confiamos en ser parte de la creación divina, de la universalidad, podremos entregarnos a vivir lo necesario para dar ese salto que nuestra alma ha venido a buscar en cada encarnación.

Te invito a hacer estas afirmaciones:
- Acepto los eventos como vienen.
- Acepto a las personas como son y acepto la vida como es.
- Dejo de intentar controlar las cosas. Dejo ir.
- Aprovecho estas oportunidades para aprender y crecer.
- Dios está conmigo y vela por mí para que todo lo que experimente me ayude en mi transformación y evolución.

CAPÍTULO VI

La gratitud, signo de abundancia

El agradecimiento es la memoria del corazón.
Lao Tsé

Cuando experimentamos momentos de pérdida que tocan lo más profundo del ser, las manifestaciones de amor y las palabras amables significan mucho para sobrellevar el duelo. Sabernos acompañados por amigos y seres queridos que nos ofrecen su ayuda para manejar algunos asuntos prácticos que deben atenderse de manera oportuna, no solo nos hace saber cuánto les importa nuestro bienestar y tranquilidad, sino que también nos hace sentir amparados en circunstancias tan difíciles de enfrentar.

No estamos preparados para recibir una mala noticia, o para la muerte de un familiar, menos aún si es de una manera trágica o inesperada.

No estamos preparados para recibir una mala noticia, o para la muerte de un familiar, menos aún si es de una manera trágica o inesperada. Son momentos donde podemos sentirnos tristes, desorientados y desamparados. Tampoco es común que nos enseñen cómo relacionarnos con alguien que está viviendo un duelo, inclusive a veces no sabemos ni siquiera cómo estar cerca.

En ocasiones, el desconsuelo puede parecer tan abrumador que quizá nos sentimos inclinados a alejarnos de la situación. Queremos ayudar, pero tal vez tenemos miedo de expresarnos de manera incorrecta o, posiblemente, la situación nos trae memorias o ciertos recuerdos que nos causan temor. Pensamos que, si hacemos o decimos algo indiscreto en un momento como ese, podríamos afectar nuestra relación o causar más dolor. Nuestro mayor deseo es apoyar y acompañar, pero, a veces, no sabemos por dónde empezar.

Durante toda mi vida he sentido que soy una mujer afortunada y abundante. Desde que soy niña tengo memoria de mucha gente linda que me apoyó en tiempos difíciles. Recuerdo que cuando tenía la edad de cinco años, un hombre que trabajaba como jardinero en mi casa prendió un fósforo cerca de un cartucho con balas de escopeta y explotó cerca de mi pierna derecha alcanzando a quemarme una gran parte de mi muslo cerca de la rodilla. Nunca supe cuál fue la razón de su acción tan irresponsable y, en realidad, ya no guardo un recuerdo doloroso del momento. Lo que sí guardo en mi memoria es el amor, la protección y el cuidado que recibí de una chica que trabajaba como empleada de mi casa, que cuidaba de nosotros cuando nuestros padres no estaban.

Me considero afortunada de tener grandes amigos y relaciones que han marcado mi camino y lo han hecho mucho más fácil de transitar. Llevo un sentimiento de gratitud inmenso en mi corazón que no puedo cuantificar de forma material. Es un

CAPÍTULO VI. LA GRATITUD, SIGNO DE ABUNDANCIA

sentimiento eterno, que no prescribe. Es una sensación tan hermosa que me lleva a comprometerme cada día más con mi vocación de dar y servir.

Conservo en mi mente y en mi corazón todo lo que he ganado en cada una de mis vivencias. Aunque en el momento no hayan sido del todo agradables, me han dejado huella, han sido motivo de crecimiento, recuerdos bonitos y conciencia de generosidad. Todo esto lo aplico en mis relaciones actuales y lo mantengo para mis relaciones futuras. Así es como cultivo mi vida y aspiro trascender.

La abundancia no solo se refiere a bienes materiales, habla de relaciones, salud, amigos, recursos y apoyo. Mientras más abundantes nos sentimos, más relevancia tiene en nuestra vida la gratitud, la cual siempre acompaño con otros valores como el reconocimiento, la reciprocidad y la amistad. Todos juntos nos ayudan a cultivar el amor y a darle un sentido más amplio a nuestras vidas.

Por esa razón, he aprendido que siempre debemos buscar de manera consciente mantenernos centrados en el agradecimiento, inclusive en medio de los momentos de dolor y rabia. Incluso una persona que nos hace daño nos brinda la oportunidad de hacernos cargo de nosotros mismos, de amarnos más y aprender a poner límites.

Cuando mantenemos los buenos recuerdos de lo que vivimos con una persona o situación conservamos presente en nuestra memoria una energía limpia, la fuerza del amor. De esta manera, podemos hacer un cierre sano de esa historia, desde el aprecio y no desde el dolor, ni la culpa o la rabia: esto es gratitud.

Aunque nos duela, la vida continúa y una pérdida siempre va a traer un nuevo comienzo. Bien sea un nuevo empleo, una nueva relación o un cambio de país, es sano darle la cara a lo naciente con una voluntad de esperanza y confianza. Con una energía que nos permita vibrar en sintonía con el futuro y conectar con el aprecio, la abundancia y la luz, porque solo desde allí vamos a atraer más claridad. Si nos enfrentamos a lo nuevo desde el dolor o las emociones de baja vibración, atraeremos lo mismo.

Cuando no hemos aceptado nuestras pérdidas de una manera sana y consciente, nuestras emociones se estancan y podemos acercarnos a nuevas personas o situaciones con esa misma energía estancada que necesitamos resolver para evolucionar. El alma siempre busca la evolución y en el nuevo camino nos tocará revivir lo que no hemos solucionado y nos falta por aprender.

CAPÍTULO VI. LA GRATITUD, SIGNO DE ABUNDANCIA

¿Sabes cuándo vives en gratitud? Cuando tienes la capacidad de aceptar todo lo que sucede y entiendes que ha ocurrido para un bien mayor que traerá beneficios a tu vida.

¿Sabes cuándo vives en gratitud? Cuando tienes la capacidad de aceptar todo lo que sucede y entiendes que ha ocurrido para un bien mayor que traerá beneficios a tu vida. Ser agradecidos es una cualidad valiosa que debemos cultivar todas las personas. Esto me ha enseñado a ver la vida desde otra perspectiva mucho más espiritual, a reconocer las manos de Dios en todo lo que pasa. Vinimos a este mundo a interiorizar todo el poder que hay dentro de nosotros, a darnos cuenta de que somos uno con ese Dios, que somos seres de luz y tenemos un gran potencial para compartir con los demás.

AGRADECER NOS ALEJA DE SENTIRNOS VÍCTIMAS Y NOS ESTIMULA A VER LAS PÉRDIDAS COMO GANANCIAS

Trabajé durante cuatro años en el programa *American Dream Academy* (ADA), al cual tuve que renunciar debido a mi dificultad para cumplir con mis obligaciones producto del duelo que estaba viviendo. Sin embargo, mi gratitud es infinita por haber tenido tan hermosa oportunidad de servir a familias hispanas. A través de este programa de Arizona State University (ASU) tuve el privilegio de cumplir el mismo sueño y misión que tuvo mi abuela Olga, de crear consciencia en los padres de familias de escasos recursos, sobre la importancia de llevar a los niños a la escuela y el beneficio del acompañamiento en su educación.

Conservo los mejores recuerdos y una gran satisfacción de haber trabajado en esta organización, ya que pude ver con claridad el propósito de mis abuelos: vivir para servir, y me permitió crecer como profesional y como persona. Más aún, me obsequió la oportunidad de experimentar la sincronicidad del destino, porque gracias al encuentro con Rafa fue posible ser parte de ADA. Si no lo hubiera conocido, nunca hubiera llegado allí.

Todo fue guiado por nuestras almas. De hecho, antes de encontrarnos yo quería quedarme en Venezuela, porque me sentía bien allí y tenía un excelente empleo. Un trabajo donde servía al público y creaba oportunidades de transformación y crecimiento. Me sentía reconocida profesionalmente, trabajaba con mi familia, era algo que disfrutaba y me llenaba el alma. Sin embargo, me arriesgué y volví a comenzar. No de cero, porque cuando volvemos a empezar trasladamos experiencias, aprendizaje y un cúmulo de vivencias que vamos atesorando a lo largo de los años.

Fue un nuevo comienzo que me sacó de mi zona de confort y me alejaba de todo lo conocido, para mudarme a otro país.

CAPÍTULO VI. LA GRATITUD, SIGNO DE ABUNDANCIA

No me costó nada acostumbrarme y sentirme bien, porque teniendo tanto amor y apoyo al lado de Rafa, no fue necesario preocuparme por nada. Cuánta gratitud hay en estas líneas. Rafael se convirtió en un gran protector, apoyo, guía y compañía no solo para mí, sino también para mis hijos. Me enseñó cómo vivir en los Estados Unidos: a tener crédito, a conocer las cosas que no se debían hacer, a seguir las leyes que no conocía y vivir confiada porque él era un gran proveedor. Este fue un gran cambio en mi vida, ya que venía de trabajar mucho para mantener a mis hijos y procurarles educación.

Por esta y muchas razones, aunque haya decidido irse dejándonos con muchas interrogantes, yo guardo en mi corazón todo lo maravilloso y positivo que viví. Me quedo con una gratitud infinita. El encuentro de nuestras almas tuvo un significado tan grande que, a pesar del dolor y de lo duro que resultó ser la pérdida de nuestra relación, son imborrables e imperecederos los buenos recuerdos. Y honrando su nombre y todo lo que me enseñó para vivir con mucha consciencia en este país, ahora lo comparto con otras personas para seguir la cadena de favores y ayuda. Un motivo más por lo que afirmo que ser agradecidos es la mejor manera de continuar disfrutando de la abundancia del universo.

SER AGRADECIDOS
NO SIGNIFICA ESTAR EN DEUDA

No es una obligación compensar a otro por un favor recibido, a menos que conscientemente lo deseemos y lo hagamos sin ningún tipo de esfuerzo. La verdadera gratitud es valorar el haber sido receptores de una acción o un bien que ha tenido trascendencia en nuestra vida. Esto no podemos retribuirlo con nada material, sino correspondiendo con actos de amor desinteresados.

Cuando alguien hace algo por nosotros, no deberíamos sentir que tenemos una deuda, porque al ponerle esta etiqueta, lo que hacemos es crearnos una carga. Nos imponemos una obligación y nos forzamos a retribuirle a esa persona o en nombre de esa persona, solo por el hecho de que esta hizo algo por nosotros. Si esto pasa se pierde el significado de ese acto de servicio, perdemos de vista la profundidad de lo que es el valor en sí, de lo que representa la acción de dar gracias y de reconocer lo que esa persona hizo por nosotros.

Anteriormente hablé sobre un momento muy difícil que puedo llamar la noche oscura de mi alma, fue un poco después de cumplirse un año de la muerte de Rafael. En ese momento estaba atravesando un proceso de depresión muy profunda, porque también había perdido a mi papá, a mi perro y mi trabajo soñado.

Sin embargo, a pesar de lo doloroso de ese momento, la vida me hizo saber que contaba con personas muy especiales, gente que me valoró y estuvo allí incondicionalmente, sin pedir nada a cambio. Estas personas demostraron su gratitud, porque en el pasado yo les había dado una mano, había crecido con ellas y trabajamos juntas. Eran y son mis amigas y me estaban demostrando a través de su amor, apoyo y contención que estaban allí para mí en ese instante tan difícil, y que no iban a dejarme caer.

Yesenia y Olivia son esas grandes amigas. Ambas han vivido pérdidas después de las que yo viví. Mi corazón ha querido estar a su lado, poder darles mi fuerza a través de un abrazo o una palabra y ofrecerles lo mismo o mucho más de todo lo que yo recibí, como una manera de demostrarles cuánto les agradezco y valoro su presencia en mi vida. Esa fue mi manera de retribuirles, no como una deuda, sino como una forma desinteresada de manifestarles cuánto agradezco que nuestras almas se hayan encontrado en el Valle del Sol.

Ahora vivimos en lugares diferentes y, a pesar de la distancia, tomamos el tiempo para reunirnos en persona, celebrar la vida, volver a encontrarnos y poder abrazarnos.

LOS BENEFICIOS DE SER AGRADECIDOS

Trabajé desde el año 1993 como ejecutiva de ventas de publicidad en *El Carabobeño*, el diario de mayor circulación en mi ciudad. Después de unos años fundé mi propia agencia de publicidad, y en el año 2004 tuve que cerrarla debido a un gran paro político y la crisis que esto produjo en Venezuela. Muchos de mis clientes decidieron cerrar sus empresas. Se declararon en bancarrota y no pagaron las deudas que tenían con la agencia, situación que me generó grandes pérdidas y el cierre de la empresa en la que había puesto tanta dedicación y empeño.

Como toda pérdida esto me generó sentimientos de dolor muy profundos y luego de estar dos días acostada sin querer levantarme por la tristeza que sentía, mi hijo se sentó en la cama y me dijo: "Mamá, no te puedes quedar aquí, tienes que volverte a levantar. Aunque te haya tocado muchas veces caer, debes levantarte una vez más". Agradezco tanto esas palabras, porque viniendo de mi hijo Gustavo, no podía quedarle mal y de allí saqué la fuerza para ponerme de pie. Además, ese momento me ayudó a reconocer que me sentía vulnerable y que no quería enfrentar la idea de decirle a la gente que había fallado.

Gustavo Adolfo me hizo entender que eso no importaba, que todos perdemos y ganamos. Tenía que reconocerlo, bajar mi cabeza y pedir ayuda. Ese mismo día hablé con mi tío, dueño de una cadena de hoteles, y le conté que había cerrado mi agencia de publicidad. Su respuesta me sorprendió por lo profundo de

CAPÍTULO VI. LA GRATITUD, SIGNO DE ABUNDANCIA

su consejo: "Tómate un tiempo para procesarlo. No te emplees con nadie más, porque tú vas a trabajar con nosotros".

Eso me impulsó a tomar la opción de vivir mi proceso de duelo sanamente, de sentir el dolor por haber perdido mi empresa y tener una gran deuda que pagar con varios medios impresos del país. Me di el permiso de llorar y de vivir todo lo que esta situación me causaba.

Pasadas tres semanas comencé a trabajar en el hotel. Allí tuve que aprender todo lo concerniente a las actividades relacionadas con hotelería, de las cuales no sabía nada. Gracias a esa experiencia y con el apoyo de mis tíos, pude ver que tenía un talento y comencé a comprender hacia dónde iba mi propósito. Acompañé a los empleados en su crecimiento y desarrollo integral como personas, así se despertó mi interés de aprender más a fondo lo que concierne al desarrollo personal, el liderazgo y el servicio.

Tuve la oportunidad de ofrecer opciones de cambio y cumplí la labor de contratar a muchos líderes venezolanos, *coaches*, consultores y especialistas en liderazgo. Una vez al mes el hotel ofrecía talleres de crecimiento para todos sus empleados. Generalmente, en un día se hacía una jornada de tres turnos en los que se repartía todo el personal. Yo participaba en todos, haciendo la apertura y el cierre de cada taller. Eso me daba oportunidad de interactuar con los especialistas invitados y me motivaron a seguir desarrollándome en esta área.

A través de ellos, la vida me mostró que también podía estar en ese camino y, con el apoyo e inspiración que me dieron, decidí empezar mi trayectoria como líder del Proyecto Internacional de Autoestima (PIA) creado por Bob Mandel.

Viendo hacia atrás, tengo que agradecer haber cerrado mi agencia de publicidad porque de no ser así, no hubiera trabajado en el hotel. Aunque fue un cierre abrupto e inesperado, que me generó deudas económicas, me llevó a encontrar mi camino, a descubrir cuán importante es el desarrollo personal, a enfocarme en el *coaching* y el descubrimiento del ser humano.

Al descubrir las oportunidades que trae cada situación, ver nuestros recursos internos e identificar el poder que reside en cada uno de nosotros, podemos seguir con nuestra vida adelante y con mucha fuerza. De esta manera, reconocemos las herramientas para levantarnos en los momentos difíciles, armonizar nuestras emociones y poner la mente en tiempo presente.

LA LEY DEL DAR

Es imposible hablar de gratitud sin hablar de la ley del dar. Ya he mencionado que el libro *Las siete leyes espirituales del éxito*, de Deepak Chopra, tuvo un gran impacto en mi vida, tanto que parte de mi filosofía mantiene presentes esas siete leyes.

CAPÍTULO VI. LA GRATITUD, SIGNO DE ABUNDANCIA

La ley del dar dice: El universo opera por medio de un intercambio dinámico. Dar y recibir son aspectos diferentes del flujo de la energía en el universo. Si estamos dispuestos a dar aquello que buscamos, mantendremos la abundancia del universo circulando en nuestra vida.

Algo que quedó grabado en mí, fue que, cada vez que entremos en contacto con una persona, tomemos la decisión de darle algo. Esto resultó sencillo de entender y hacer, porque lo he hecho toda mi vida. Para mí, era algo muy natural el dar. Por eso comprendí que la Ley del dar no se refería a ofrecer algo material, sino que puede ser un abrazo, una oración, tu presencia, incluso el silencio.

Cuando damos el regalo de cuidar, atender, amar o reconocer a alguien, le estamos ofreciendo uno de los obsequios más preciados que podemos darle y no cuesta nada. Si nace del corazón lo que das, más impacto tiene en la vida de la persona que lo recibe. El Proyecto Internacional de Autoestima me hizo entender que el reconocimiento, la atención y los cuidados son muy valiosos para nosotros, los seres humanos; tanto darlos como recibirlos.

*Cuando damos el regalo de cuidar,
atender, amar o reconocer a alguien,
le estamos ofreciendo uno de los obsequios
más preciados que podemos darle
y no cuesta nada.*

En el proceso de dar y recibir, agradezco haber coincidido con Denisse Linn, una maestra espiritual estadounidense que me enseñó el beneficio de las meditaciones guiadas para calmar la mente y armonizar las emociones. Estas meditaciones fueron un recurso maravilloso que me ayudó a salir del duelo, me sirvieron como herramientas para conectar más profundo con mi espíritu. Lo que no sabía era que, al recibir este regalo de sus meditaciones guiadas, también iba a encontrar un propósito y un sentido en mi trabajo hacia los demás, porque hoy en día ofrezco mi servicio de meditaciones guiadas en español a través de mi canal de YouTube y mis trabajos en grupo.

Desde la gratitud que tengo con esta mujer que me ayudó tanto, decidí utilizar mi voz para crear estas meditaciones, porque conozco los beneficios que proporcionan para la mente, el alma, el cuerpo y para calmar las emociones. He logrado hacerlo sin esfuerzo, desde mi más profundo amor. Todos tenemos ese poder.

CAPÍTULO VI. LA GRATITUD, SIGNO DE ABUNDANCIA

CONVIERTE LA GRATITUD EN UNA PRÁCTICA DIARIA

Crear el hábito del agradecimiento en nuestra vida nos mantiene presentes en el flujo de la abundancia. Mantenerme en estado de gratitud mientras atravesaba situaciones difíciles me ayudó a levantarme con mayor facilidad.

Mantenerme en estado de gratitud mientras atravesaba situaciones difíciles me ayudó a levantarme con mayor facilidad.

Por eso te recomiendo que hagas de la gratitud una práctica diaria. Es un ejercicio que debemos practicar con disciplina todos los días, hasta convertirlo en un hábito. Usarla como una herramienta de apoyo te puede hacer que superes la depresión o el duelo en menor tiempo. Si volteas a ver lo que sí tienes, en lugar de concentrarte en lo que perdiste o en lo que te causa tristeza, te motivarás a continuar la vida con un ánimo más positivo. Entonces, si estás triste y tienes cosas o personas por las cuales te puedas sentir feliz, enfócate en ellas y da gracias por todo.

Podemos convertirnos en los protagonistas de nuestra vida. Tenemos el poder y la capacidad de elegir dónde queremos estar. No se trata de vivir sin sentir las emociones. Al contrario, hay que experimentarlas. Pero enseguida hay que voltear de nuevo hacia el horizonte y seguir con el flujo de la vida.

Algo que recomiendo como ejercicio diario es tomarnos unos minutos antes de levantarnos de la cama para agradecer.

1. Agradecer por ser quien eres, por lo que tienes, por tus seres queridos, por quienes tienes a tu lado, incluso por las cosas que consideras no tan buenas.
2. Agradece lo aprendido, lo ganado, la transformación que has vivido y las relaciones que has cultivado.
3. Agradece los regalos en cada situación que experimentas. Y si aún no los puedes ver confía, el tiempo te ayudará a descubrirlos.

Todos podemos vivir enfocados en ver esto. Te recuerdo que todo en la vida pasa, todo trae un regalo y cada adversidad trae una oportunidad. Por más duro que sea lo que estemos viviendo, lo que sucede nos va a ayudar a valorar más la vida propia. Valora y agradece lo que eres y en lo que te has convertido, no te sientas culpable si en este momento no puedes ver con gratitud el regalo de la situación que estás viviendo. Todo tiene su momento, hasta ser agradecido.

todo en la vida pasa, todo trae un regalo y cada adversidad trae una oportunidad.

CAPÍTULO VII

Cultiva el pedir ayuda

Negarte a pedir ayuda cuando la necesitas
es negarle a alguien la oportunidad de ser útil.
Ric Ocasek

BUSCAR AYUDA ES NECESARIO

Pedir ayuda es una de las acciones menos comunes que se nos enseña desde pequeños. Nos inculcan que debemos ser fuertes y debemos resolver nuestros problemas solos, incluso teniendo gente a nuestro lado que pueda tener "manos de sobra" para tendernos una. Nos da miedo que el otro piense que somos incapaces o que, quizás, nos estamos aprovechando de él, más aún nos da miedo mostrarnos vulnerables.

Cuando pienso en pedir ayuda recuerdo una bella frase de San Agustín: "si necesitas una mano, recuerda que yo tengo dos". Un pensamiento que me refresca la memoria cuando estoy en necesidad de apoyo para recordarme que siempre hay alguien cerca de mí dispuesto a brindarme su respaldo y compañía.

Lo más beneficioso que existe para nuestra salud mental y física durante un proceso de cambio muy fuerte o un duelo, es contar con la colaboración de los que nos rodean y recibir el correcto apoyo ya sea afectivo, económico, emocional, material, etc.

Tener gente dispuesta a ayudarnos a pensar y actuar cuando no tenemos la posibilidad de hacerlo porque nos sentimos abrumados, es un gran sostén para liberar las emociones como la ansiedad, la rabia o la tristeza, además de contribuir a resolver situaciones que en el momento no nos creemos capaces de solucionar.

Siempre hay personas con ganas de ayudarnos cuando nos ven pasando por tiempos difíciles, pero no siempre sabemos cómo recibir esa asistencia, por ello, y sin darnos cuenta, la rechazamos. Las cosas pueden empeorar si no aprendemos a recibir y, más aún, a pedir cuando tenemos necesidades físicas, mentales o emocionales. Crearíamos un gran obstáculo para poder continuar nuestras vidas con un sentido que nos permita experimentar satisfacción y tranquilidad.

Pero no solo es importante saber pedir ayuda en nuestro entorno, también lo es hacernos responsables de buscar amparo profesional o grupos de apoyo cuando no sabemos cómo enfrentar o superar el duelo. En momentos tan difíciles es de gran impacto sentir que pertenecemos a un grupo, sabernos queridos y cuidados por otros.

En la última etapa de este viaje revisaremos cuán importante es la asistencia de una persona capaz de ver aquello que no queremos o no podemos ver. Esto nos permitirá acortar el tiempo del proceso. Nos ayudará a soltar, a dejar de aferrarnos negativamente al recuerdo de una persona o de algo material. He sabido de personas que después que un ser querido muere cierran su habitación y dejan todo intacto, sin mover incluso la ropa, adornos, fotos en gavetas y repisas. Esta negación paraliza el proceso de sanación. Al negar no perpetuamos el amor, solo alargamos el dolor.

> *Al negar no perpetuamos el amor, solo alargamos el dolor.*

La mejor manera de honrar a ese ser querido, a esa persona tan importante para nosotros, es hablar de lo que significó en nuestra vida, recordar nuestra convivencia y mantener esas memorias presentes. Su existencia nos acompañará siempre si al hablar de ella, lo hacemos de forma positiva y atesorando los momentos que estuvimos juntos, viviendo los recuerdos con gratitud y desapego. Así vivirá siempre en nuestro corazón y nunca la sentiremos lejos, aunque no esté físicamente.

Recientemente, conocí el caso de una persona que ha conservado intacta la habitación de su hija que falleció hace más de veinte años. Está todo exactamente igual a como estaba en el momento en el que ocurrió su muerte. Esta persona, lamentablemente y por razones desconocidas, no ha podido aceptar y soltar a ese ser querido. No continuó con su vida, se quedó paralizada en su sufrimiento.

De allí, la importancia de contar con una red de apoyo saludable y con el acompañamiento profesional o espiritual adecuados. Una persona que pueda caminar contigo el proceso de duelo, puede ser un sacerdote, un pastor, una maestra espiritual, un *coach* o un gran amigo; alguien que logre identificar en qué etapa te encuentras y sepa cuáles son las acciones apropiadas para ese momento.

Porque el duelo hay que vivirlo; si no, la herida no cerrará nunca. Muchas personas eligen sufrir toda la vida, consciente o inconscientemente. Es una decisión individual y, muchas veces, sucede por un sentimiento profundo de culpabilidad.

> *El duelo hay que vivirlo; si no, la herida no cerrará nunca.*

Somos los responsables de nuestras vidas y podemos elegir qué hacer con nuestras emociones y cómo vivirlas.

Somos energía fluyendo a través de nuestro cuerpo, cuando no la soltamos, la retenemos y no permitimos que esa energía se exprese y se libere, se queda estancada. Esto nos generará sufrimiento y frustración.

Si todo tiene un para qué en el plan divino, entonces tenemos que estar dispuestos a abrir nuestro corazón y solicitar guía para poder verlo. Cuando pedimos ayuda divina a fin de recibir las señales y comprender las razones más allá de nuestro entendimiento, comienzan a aparecer las personas y situaciones que explicarán ese gran plan detrás de cada evento que nos duele.

Un ejemplo y, a la vez, una idea que yo le sugeriría a esa madre para cambiar las circunstancias y aprender a soltar, sería que tomara las pertenencias de su hija y las llevara a lugares donde hay niños abandonados que necesiten de apoyo y cariño. O, quizás, podría ayudar a familias que han perdido a sus hijos jóvenes y mostrarles un camino de amor y aceptación por el que ella haya decidido atravesar y así transformar todo ese dolor en una herramienta de refuerzo. Al trabajar para superar su duelo, logra formar parte de ese círculo perfecto de ayuda.

UN SUICIDIO ME ENSEÑÓ A PEDIR AYUDA Y A RECIBIR APOYO

Superar el suicidio de un ser querido ha sido una de las lecciones más fuertes de amor y perdón hacia mí misma que he experimentado.

Mi segundo esposo se suicidó tres meses después de habernos separado físicamente. Habíamos decidido revisar nuestra relación desde una perspectiva individual y, de esta manera, encontrar posibles soluciones. Esta decisión fue muy difícil porque ambos nos queríamos mucho, pero la relación se había deteriorado por la falta de confianza.

Hoy entiendo que hubiéramos podido hacer muchas cosas que no hicimos para mejorar, incluyendo buscar ayuda de especialistas en relaciones de pareja. He aprendido que los caminos y decisiones del alma son difíciles de entender, cada paso del trayecto tiene una razón mucho más profunda que no podemos apreciar en el momento y afecta el curso de los eventos. Y, quizás, la lleguemos a entender cuando ya han pasado muchos años.

El suicidio de un ser cercano es una de las tragedias más fuertes que enfrentar porque se sobrevive a una decisión individual que no podemos concebir. No logramos ver las verdaderas razones de tan drástica resolución. Es algo que nos toca directamente, porque pertenecemos a sistemas familiares y cargamos con sus historias, con lo no resuelto, con los secretos y todo eso que nadie se atreve a hablar; esas cosas que muchas veces son el desencadenante de situaciones tan adversas.

> *El suicidio de un ser cercano es una de las tragedias más fuertes que enfrentar porque se sobrevive a una decisión individual que no podemos concebir.*

Enfrentar un suicidio tan de cerca me llevó a preguntarme por qué estaba viviendo tan difícil situación. Le preguntaba a mi alma qué era lo que quería mostrarme y comencé a indagar. Ese proceso de búsqueda me llevó a descubrir una de las muchas respuestas que subyacen debajo de este tema tan complicado. Descubrí que en mi sistema familiar también habían ocurrido suicidios de los cuales nadie hablaba. Desafortunadamente, el suicidio es visto como un tema tabú.

Las personas que se suicidan pueden sentir gran temor de conectar con su ser interno, piensan mucho y no paran de hacer actividades porque les da mucho miedo sentir. Es por esta razón que cuando les toca vivir procesos de cambio y desapego entran en un *shock* emocional que no les permite manejar de manera apropiada esos procesos. Llegan a un punto donde piensan que no le importan a nadie y que si se mueren, el mundo seguirá igual sin ellos. Suponen que nadie los extrañará.

Esto ha sido parte de lo que he conseguido en mis estudios e investigaciones, porque decidí seguir buscando información para entender la situación que atravesé y, así, encontrarle un poco de sentido.

Aún hoy me sigo preguntando qué más faltó por descubrir, me asaltan pensamientos sobre lo que debí haber hecho o no. Aunque pasan los años, su memoria sigue presente en mi corazón y le agradezco cada día todo lo que hizo por mí, por mi familia y por la suya. Hacía tanto por todos sus seres queridos que dejó de pensar en lo que le hacía feliz a él.

Quiero compartir con la mayor honestidad cuánta culpabilidad y remordimiento he sentido, pero no puedo echar el tiempo hacia atrás y, en todo mi proceso de duelo, he tenido que conciliar los asuntos pasados, las tensiones y los problemas que quedaron pendientes. Y, penosamente, muchas de mis preguntas aún siguen sin respuestas.

También he tenido que aprender a perdonarme y a amarme de manera incondicional. Esa desaparición súbita de un ser tan importante en mi vida, me dejó un vacío emocional muy grande, una notable confusión y una profunda desconfianza. Todo eso lo he tenido que trabajar durante años para poder superarlo y seguir adelante con mi vida.

Reconozco que esto no hubiera sido posible sin el acompañamiento amoroso e incondicional de mis dos hijos, Gustavo Adolfo y Silvia Fernanda, de mi maestra espiritual, Sunny Dawn Johnston, y de mis grandes amigas Olivia, Yesenia y Cris.

A Sunny, quien se convirtió en mi amiga, la conocí en un evento llamado *Celebrate Your Life* que se llevó a cabo en Phoenix en el año 2008. A partir de allí comencé a trabajar a su lado y durante dos años consecutivos me certifiqué con ella como terapeuta de mente, cuerpo, espíritu y emociones. Cuando llegó el difícil momento del suicidio de Rafael, en el 2013, ya manteníamos una relación muy estrecha.

Sunny, que el mismo día de la muerte estaba recordando el suicidio del mejor amigo de su esposo, al enterarse de lo que estaba sucediendo se fue a mi casa para estar a mi lado. Allí estuvo,

CAPÍTULO VII. CULTIVA EL PEDIR AYUDA

abrazando mi alma, enjugando mi llanto y recordándome lo que había venido aprendiendo en los últimos años: la importancia de pedir y recibir apoyo. Y resulta que cuando este apoyo viene de tu guía espiritual, tiene un valor incalculable.

En esos momentos, en los cuales no tenía fuerzas para nada, tuve que aprender a confiar, abrirme a recibir abrazos y ser atendida sin hacer nada a cambio. Pues, como ya lo he dicho, para mí es muy fácil dar, pero no lo es tanto pedir y no estaba acostumbrada a solicitar lo que necesitaba. Quién sabe si por esa idea inconsciente de que mi voz no era escuchada.

Pero tuve que aprender a pedir ayuda y a aceptar la que me era ofrecida porque la necesitaba. No era posible continuar sin el apoyo de quienes realmente me amaban.

Por muchas semanas quise hacerme la fuerte, no quería encarar tan difícil situación. Sobre todo por los sucesos que la precedieron. Me costó mucho enfrentar mis sentimientos y aceptar que también necesitaba la protección de mi familia, de mi gente que estaba en Venezuela y en otros países. No los tenía a mi lado para contenerme en tan difícil situación. Me costó mucho aceptarlo, no porque no me hubieran ofrecido su apoyo, sino porque quise hacerme la fuerte. Resulta que en esos momentos tan duros mi papá estaba muy enfermo. Horas antes de la muerte de Rafa, le habían dado la triste noticia de que su cáncer había avanzado mucho y le quedaban pocos días de vida.

¿Cómo pedir apoyo cuando mi padre también lo necesitaba?, ¿cómo decirle a mi madre que estuviera conmigo y se dividiera en dos?, ¿cómo reclamar atención si en el fondo no me sentía digna de recibirla?

Siempre he buscado complacer, ser empática, entender y ayudar a todos, puse a un lado mi necesidad de tener a mis seres queridos conmigo. Me enseñaron desde pequeña a ser fuerte, o lo había aprendido por descarte, pero, en realidad, extrañaba sus abrazos y su amor en esos momentos. Hoy en día acepto que, en el fondo, tenía mucho miedo a tenerlos cerca para no ser juzgada o criticada.

Al mismo tiempo, pensaba que pedir apoyo era exponer al escarnio público lo sucedido en la intimidad de nuestra relación. Tuve miedo al cuestionamiento y a la especulación. Resultó que la preocupación por lo que los demás dirían o pensaran, prolongó mi dolor. Me encerré aún más, en lugar de abrirme a pedir y aceptar la ayuda.

Finalmente, me refugié en las personas que me querían, que no me juzgarían, que me amaban y me aceptaban tal como soy. Sin emitir juicios, porque ya bastante tenía con los propios.

SE REQUIEREN AMIGOS VERDADEROS EN TU CÍRCULO DE APOYO

Fueron muchos meses de dolor, de autocastigo, de interrogantes, de desespero. Necesitaba aprender a sobrevivir, no a defenderme de nadie, de las críticas o de las suposiciones. Muchos me culpaban por la muerte de Rafa, pero en el fondo sabía que eso era solo mi propia proyección, porque en la profundidad de mi alma eso era lo que sentía sobre mí misma.

En esos momentos, el dolor y el juicio me aturdían. Fueron días y noches muy oscuras. Gracias a Dios conté con el amor incondicional y la entrega de Olivia y Yesenia. Ellas conocían mi historia, mis dudas, mis desvelos y estuvieron allí para abrazarme, rezar conmigo y darme confianza. Con ellas podía hablar, gritar y llorar por horas hasta quedarme dormida. Podíamos pasar por una gama de situaciones y emociones hasta que terminábamos riendo por cualquier tontería, hasta que se calmaba mi alma. Ellas conocían y conocen lo más vulnerable de mi ser.

En dos ocasiones muy delicadas, en las que me encontré dudando del sentido de mi vida, me sostuvieron para recordarme quién era y lo que significaba para ellas, para mis hijos, para mi familia. Me ayudaron con un amor y una paciencia indescriptibles para realizar una mudanza, botar, clasificar y, al mismo tiempo, no destruir recuerdos importantes de las cosas que me quedaron. Incluso, ellas guardaron muchas de esas cosas por un tiempo, algunas aún las conservan. Me han querido tanto que también aprendieron a querer con mucho respeto y admiración a Rafa.

Me enseñaron que cuando un ser querido fallece se le debe despedir con amor y continuar con la vida de una manera tranquila y en paz. Me ayudaron a dejar volar los restos y memorias de Rafa para que consiguiera la libertad de su alma. Entendemos que conservar los efectos personales o las cenizas de un ser querido solo prolonga el dolor y dilata el proceso de aceptación del duelo. No guardé una nota que él me dejó porque cada vez que la leía, sentía un vacío muy profundo en el centro de mi pecho. Y, aunque estaba llena de amor, gratitud y perdón, decidí hacer una ceremonia para quemar el papel con la intención de transmutar y purificar esa energía y poder sentir el dolor de la despedida.

CONFRONTAR LA CULPA

Los meses posteriores al suicidio tuve que lidiar con el manejo de los detalles públicamente. Traté, en lo posible, de hablarlo reservándome los pormenores más íntimos y privados para evitar remover el dolor que sentía. Sin embargo, hablarlo me fue liberando de la vergüenza y la culpa.

Continué trabajando mis emociones y el proceso de duelo, primero con Sunny y después con la doctora María Dolores Paoli, psicóloga y terapeuta del alma, quien ha sido de inmenso beneficio en mi vida y tiene el privilegio de ser quien escribió el prólogo de este, mi primer libro. Por su sabiduría y el trabajo profundo que he hecho con ella, he podido ver esta experiencia desde un plano más espiritual y entenderla como un gran proceso de evolución de mi alma.

Gracias a toda esa experiencia, hoy me siento con la capacidad de decirle a quienes sean sobrevivientes del suicidio de un ser cercano, que deben pedir apoyo y recibir la ayuda de personas en quienes confíen. Tengan la seguridad de que les brindarán el soporte necesario en este camino de duelo tan delicado. Son esos los ángeles que necesitamos para continuar viviendo.

Al contrario de lo que se podría pensar, guardar las cosas en secreto, ocultar la verdad, puede ser muy dañino. No es por los demás, es por nosotros mismos, por nuestra sanidad mental y emocional, que debemos tener el valor de hablar.

Quizás nos sintamos avergonzados, heridos, culpables, con rabia, abandonados y no sabemos qué hacer con todo eso. Enterrar nuestro sentir y no procesarlo nos puede generar un gran daño a todo nivel, por eso es importante confrontar la culpa, así como yo lo hice.

Enterrar nuestro sentir y no procesarlo nos puede generar un gran daño a todo nivel, por eso es importante confrontar la culpa, así como yo lo hice.

Pasaba mucho tiempo pensando en lo sucedido, en lo que pude haber hecho o no, para evitarlo. Traté de encontrarle sentido a las últimas horas en las que vi y hablé con Rafa. Me hice todas las preguntas posibles: ¿por qué lo hizo?, ¿por qué no me dijo que se sentía tan mal?, ¿por qué no aceptó mi ayuda y fue al psiquiatra?, ¿qué hice mal?, ¿qué debí hacer? Al final, casi enloquecí.

El remordimiento me embargó. Sentí que había fallado y esto me llevaba a sentirme cada vez peor. Pero encerrarme y castigarme por no haber hecho lo debido, me trajo aún más dolor y comencé a enfermarme.

Sentía un pesar muy intenso que aumentó cuatro meses después cuando falleció mi padre e, inesperadamente, tres meses más tarde, mi perro. ¡Cuánto dolor junto! Sobrevivirlo no hubiera sido posible si no hubiera contado con tanto amor y contención a mi alrededor.

Poco a poco fui comprendiendo y tomando conciencia, porque comenzaba a sentirme de nuevo acompañada y siendo parte de un colectivo. Acepté que ese era el momento de entregarme con confianza a recibir ayuda. Y así lo hice.

En ese proceso, también entendí que independientemente del resultado final, hice lo mejor que podía y sabía en el momento. Solo así pude perdonarme a mí misma y logré proseguir con mi vida.

> *Independientemente del resultado final, hice lo mejor que podía y sabía en el momento. Solo así pude perdonarme a mí misma y logré proseguir con mi vida.*

Gracias a esto comprendí que no fue un fracaso lo que viví; simplemente, no supe hacerlo de otra forma. Tampoco pude haber sido más sensible. Acepto todo lo que fue: lo que él y yo hicimos. Nuestros corazones y nuestras almas sabían a un nivel más profundo cuál era el para qué de nuestro encuentro y la razón de todo lo vivido. Por eso, siempre pido su guía para poder utilizar esta experiencia, mis reflexiones y lo aprendido hasta hoy, como un instrumento de servicio para ayudar a otros.

Ojalá que con esto que escribo, puedas entender mejor que si eres sobreviviente del suicidio de un ser amado, algunos días sentirás conmoción emocional, en otros confusión o alivio.

Recuerda siempre ser amable contigo mismo. Si quieres llorar, llora; si quieres reír, hazlo. Permite que tus emociones salgan y se expresen. Así, paso a paso, el dolor se irá desvaneciendo.

Posiblemente, te enfrentas a una etapa de depresión. Lo viví cuando me di cuenta de que eso tan terrible que sucedió era irrevocable. Sentí rabia e impotencia, estaba sin energía, decaída y triste.

La recuperación me llevó más de dos años. En ese proceso de duelo también perdí el trabajo de mis sueños, donde mi vocación estaba involucrada. No tenía fuerza para ir a trabajar, pasaba más tiempo enferma que sana. Por esto acordamos que retirarme era lo mejor, no estaba cumpliendo con mis responsabilidades allí.

Tuve que ser humilde y reconocer que no daba para más, que era el momento de tener la disposición de recibir. En esto fueron de gran ayuda las meditaciones guiadas, se convirtieron en mis mejores aliadas y la herramienta más poderosa para retomar mi camino. Solo después de encontrarme a mí misma a través de la guia de las meditaciones, pude volver a hacer lo que me daba felicidad en mi día a día.

Con el tiempo, comencé a pensar menos en las preguntas sin respuestas. Ya no estaba tan inmersa en su recuerdo y empecé de nuevo a experimentar el placer de estar viva y a compartir con las demás personas. La paz regresó nuevamente a mi vida, sentí que lo dejaba libre para seguir el camino de su alma y yo podía continuar mi vida en la Tierra.

Y llegó el día, un año después, cuando pude volver a ver a Rafa, lo encontré en mis sueños, vestido igual que el último día que lo vi. Lo abracé muy fuerte y sentí que el amor era mucho más grande de lo que hubiera podido imaginar. Ese día me levanté, me senté a meditar y busqué encontrarme de nuevo con él, pude decirle: "Tú elegiste morir, eso fue lo que tu alma decidió, ahora tú estás en un lugar diferente, y yo estoy viva. Te agradezco inmensamente por todo lo vivido, por tu amor, por tu compañía, por tu apoyo. Siempre estaremos conectados por los buenos recuerdos y ese amor que nos unió. Nos reencontraremos nuevamente. Por ahora me despido con amor, es tiempo de continuar mi vida".

ATRÉVETE A PEDIR AYUDA, NUNCA ESTÁS SOLO

Cuando experimentamos pérdidas debemos estar conscientes que no siempre podremos hacernos cargo de nosotros mismos y aunque queramos no tendremos todas las respuestas. Necesitaremos de la ayuda de otros porque los momentos de dolor y confusión serán muy fuertes.

Somos seres humanos no superhéroes y, por esta razón, es muy sano estar dispuestos a recibir la cooperación de los demás. Es una realidad que no podemos obviar. Pedir ayuda es un acto de humildad y valentía, porque en momentos de confusión y tristeza tenemos que reconocer que no disponemos de herramientas o fuerzas suficientes para afrontar nuestras dificultades.

Apoyarnos en los demás es dar un voto de confianza a quienes nos aman y se interesan por nosotros. Haberlo hecho, fortaleció mis vínculos de hermandad y amistad de una manera tal que hoy en día son lazos casi imposibles de cortar. No estamos solos, siempre hay alguien que está dispuesto a ayudarnos.

Al pedir apoyo no estamos mostrando debilidad ni somos menos que nadie. Todo lo contrario, es un acto de coraje. Reconocer que no podemos solos nos hace más humanos, más compasivos y nos acerca a los demás. Con esa honestidad vamos a poder ayudar a otros en el futuro.

> *No estamos solos, siempre hay alguien que está dispuesto a ayudarnos.*

Pedir ayuda no significa que fracasamos, más bien es asentir que tenemos limitaciones y somos humanos. Confiemos en las personas que nos ofrezcan su ayuda desinteresada.

Recordemos que somos individuos en un colectivo y pertenecemos a grupos en los que podemos disfrutar de apoyo. Permitamos a quienes nos rodean que se sientan útiles para nosotros en momentos de dificultad.

Ten siempre presente que no estamos solos. Ni siquiera en las noches más oscuras.

EPÍLOGO
Como el ave fénix

> *Soy un ave fénix que se levanta de las cenizas de mi dolor y sufrimiento. Hoy renazco, hoy comienza mi crecimiento y cambio.*
> Kaitlin DS Cammie

La frase "renacer de las cenizas como el ave fénix" siempre se ha escuchado como una referencia al renacer del alma. Y yo he entendido, después de haber vivido en el fuego varias veces y habitado en mis cenizas, que el amor es el principio y el fin de todos los caminos.

El ave fénix, o *Phoenix* en inglés, es un pájaro de la mitología griega, que se consumía por acción del fuego cada quinientos años, para luego resurgir de sus propias cenizas. Cuando le llegaba la hora de morir, hacía un nido de especias y hierbas aromáticas, ponía un único huevo, que empollaba durante tres días, y al tercer día ardía, se quemaba por completo y, al reducirse a cenizas, resurgía del huevo la misma ave fénix, que siempre sería única y eterna.

Según el mito, tenía tanta fuerza que podía cargar incluso elefantes y poseía la gran virtud de que sus lágrimas fueran sanadoras. Y el poder más grande de esta mítica ave era el de transformarse en un pájaro de fuego, hasta ser del tamaño de un águila.

Desde siempre y sin razón aparente, he sentido una fascinación hacia ella. Es una figura importante en mi vida. Es interesante que, mucho antes de pensar siquiera en mudarme a Phoenix, cuando escuchaba la palabra "fénix" me preguntaba cómo se escribiría. Mi alma ya me estaba avisando que algo grande sucedería en mi vida, aunque aún ni siquiera advertía qué podría ser así.

No es casual que al salir de Venezuela hace catorce años me haya mudado justamente a Phoenix, porque fue donde experimenté las grandes pérdidas de mi vida y cuando salí de allí, lo hice resurgiendo de mis cenizas. El 5 de julio del 2014, decidí partir del Valle del Sol, donde había experimentado los más grandes retos, sentía que tenía que hacer un gran cambio para poder continuar.

Mi salida de esta ciudad representó un largo viaje, tanto en sentido literal como figurado. Un verdadero proceso de sanación y liberación. Decidí mudarme a Miami, donde mi hija residía desde unos meses antes. Empaqué algunas cosas y regalé muchas otras, porque entendí que lo material ya no era tan importante, y me monté en mi carro para comenzar una travesía de más de 2 300 millas, manejando desde la costa oeste hasta la costa este de Estados Unidos. Desde Arizona hasta Florida.

Durante seis días consecutivos estuve viajando sola en mi auto. Conduje durante ocho horas diarias, escuchando música, reflexionando, llorando y parando a descansar cuando sentía que era necesario. Fue un proceso agotador, pero de una maravillosa sanación.

Cuando llegué a Miami ya estaba lista para retomar mi vida. Dos días después comencé mi certificación internacional como *life coach* profesional en la Universidad de Miami. A los pocos días, conocí a Mercedes y a Berta, dos grandes mujeres que se convertirían en esas dos amigas que dejé en Arizona.

Mercedes, un maravilloso ser de noventa y tres años, lúcida, activa y sana, se ha convertido en mi segunda mamá y me ayudó a descubrir e implementar el uso de suplementos naturales para recuperar y nivelar mis neurotransmisores. Berta, ha sido mi fan más activa, esa que ha visto todo mi potencial, quien me anima a seguir, a continuar tras más aventuras e ir mucho más allá de mi zona de confort. ¡Qué afortunada soy!

Ese viaje largo y transformador en carro fue un proceso de sanación, viví experiencias que se convirtieron en símbolos de purificación, de fortaleza y de un renacer físico y espiritual muy profundo.

Fue el resurgir desde mis cenizas para comenzar de nuevo. A medida que me alejaba de Phoenix, iba recuperando mis fuerzas y retomando el control de mi vida.

Agradezco tener muchas personas que me mantienen unida a Phoenix, que me hacen agradecer infinitamente haber llegado allí y poder volver a visitar la ciudad cada vez que quiero reconectar con algo más profundo y significativo, algo más espiritual.

Es el lugar donde vive mi primogénito con su familia, donde me esperan siempre mis nietos, hermosos tesoros, donde me encuentro al menos una vez al año con mi mentora y guía quien desde el 2008 me acompaña en mi camino de aprendizaje constante, donde disfruto reír con mis amigas que se han convertido en mis hermanas del alma y con quienes cuento a pesar de la distancia.

Y Phoenix será por siempre esa llama del fuego transformador que me recuerda que todos podemos purificarnos, evolucionar y trascender, mientras recordamos que el amor es la herramienta más poderosa para transitar por la vida.

Desde María Fernanda a esta nueva María Alejandra, renacida de las cenizas y con una nueva voz, comparto contigo lo que he aprendido. Te invito a recuperar tu propia voz, a permitir que tu luz brille y la compartas por dondequiera que vayas.

Todo es posible cuando volvemos a la fuente, a quienes somos en realidad: Seres maravillosos de la creación, amándonos cada día más y viviendo una experiencia de trascendencia.

Made in the USA
Middletown, DE
15 August 2024

59135680R00111